东京散步

——东京 23 区最值得推荐的景点

姚　戈◎著

中国旅游出版社

责任编辑：张　璐　黄嘉玲
责任印制：冯冬青
封面设计：中文天地

图书在版编目（CIP）数据

东京散步 : 东京 23 区最值得推荐的景点 / 姚戈著 . 北京 : 中国旅游出版社 , 2025. 4. -- ISBN 978-7-5032-7524-1

Ⅰ . K931.39

中国国家版本馆 CIP 数据核字第 2025TU0002 号

书　　名：东京散步——东京 23 区最值得推荐的景点

作　　者：姚　戈　著
出版发行：中国旅游出版社
（北京静安东里 6 号　邮编：100028）
https://www.cttp.net.cn　E-mail: cttp@mct.gov.cn
营销中心电话：010-57377103，010-57377106
读者服务部电话：010-57377107
排　　版：北京中文天地文化艺术有限公司
印　　刷：北京金吉士印刷有限责任公司
版　　次：2025 年 4 月第 1 版　2025 年 4 月第 1 次印刷
开　　本：710 毫米 ×1000 毫米　1/16
印　　张：37.25
字　　数：70 千
定　　价：188.00 元
I S B N　978-7-5032-7524-1

序 1

日本前首相 鳩山由纪夫

2015 年 1 月、訪日されていた姚戈先生ご一行が私を訪ねてくださり、鳩山会館にご案内したことが、昨日のことのように思い出されます。

小春日和の温かい日差しのなか、庭を見ながら楽しくお話させていただきました。

鳩山会館は、今年百年を迎えますが、1996 年に改修され、日本の近代史の一部をご紹介する博物館のように整備し、一般開放されています。もともとは私たち鳩山家の「住まい」でした。現在、ホールのようになっている 2 階には、祖母薫、両親、そして弟・邦夫と私の 3 部屋がありました。

弟の邦夫とは、よく庭で野球のまねごとをして遊びました。建物の庭に面している側には、大正時代（1910 年代）の貴重なガラスやステンドグラスがありましたので、建物から離れ、庭を取り囲む薔薇の植え込みの近くを使っていましたが、ボールが逸れるとバラの茂みに入ってしまいます。それを取りに行くのはいつも私の役目で、しばしばバラの棘で怪我をしました。現在は、世界中の珍しいバラが咲き誇り、「バラの館」と称されている鳩山会館ですが、当時はバラの棘を恨めしく思ったものです。ある時、私の投げたボールが大きく跳ね上がりガラスを割り、さらに奥の絵を破ってしまい母に怒られました。今でもその絵は飾ってありますが、良く見ると修復の痕が残っています。

この度、姚戈先生が上梓された『東京散歩——東京 23 区で最もおすすめのスポット』のご本を拝見していて、そんな懐かしい子供の頃を思い出しました。

姚戈先生の『東京散歩——東京 23 区で最もおすすめのスポット』は、有名な場所ばかりでなく、懐かしい東京、新しい東京も紹介されていて、姚戈先生の中日友好への情熱が感じられます。多くの人々が互いの国を訪れ、文化を知り友好関係を築いていくことは、まさに「友愛」の理念そのものです。中国の皆さんが、このガイドブックを手に、東京にお越しくださると、中日友好の推進になります。是非東京を楽しみに、いらしてください。姚戈先生の『東京散歩——東京 23 区で最もおすすめのスポット』で、鳩山会館をご紹介くださったことは、光栄であり感謝に堪えません。厚く御礼申し上げます。

最後になりますが、姚戈先生の『東京散歩——東京 23 区で最もおすすめのスポット』上梓を心からお祝い申し上げ、私の拙いご紹介文とさせていただきます。

鳩山由紀夫

2025 年 1 月 17 日

序 1 译文：

2015 年 1 月，正在日本访问的姚戈先生一行来拜访我，在鸠山会馆里交流的情景，仿佛昨日。那日，小阳春天气，风和日丽，我们漫步会馆庭院，相谈甚欢。

鸠山会馆今年迎来了一百周年。会馆于 1996 年经过修缮改造，成为展示部分日本近代史的博物馆，向公众开放。鸠山会馆原来是我们鸠山家族的住宅，如今改成大厅的二楼里曾有我的祖母熏、父母，以及弟弟邦夫和我所居住的三个房间。

我和弟弟邦夫小时候经常在庭院里玩棒球。会馆面向花园的一面有大正时代（1912—1926）珍贵的彩色玻璃窗，所以我们会在会馆的庭院玫瑰丛附近打球。有时球打偏了会掉进玫瑰丛中，每次都是我去捡，经常会被玫瑰的刺扎伤。如今，世界各地的珍稀玫瑰在庭院内争相开放，鸠山会馆也因此被称为“玫瑰之馆”，但玫瑰刺是我儿时的痛苦回忆。有一次，我扔的球弹得很高，打碎了玻璃，弄坏了里面的一幅画，挨了母亲责骂。这幅画现在仍然摆放在那里，仔细观察就能看到有修复的痕迹。

姚戈先生写的《东京散步——东京 23 区最值得推荐的景点》，让我想起了令人怀念的童年时光。

《东京散步——东京 23 区最值得推荐的景点》一书不仅介绍了东京的名胜古迹，还呈现了怀旧的东京和现代的东京，从中可以感受到姚戈先生对中日友好的热情。

国与国之间互相往来的人越来越多，去了解彼此的文化，建立友好关系，这正是“友爱”的理念所在。

中国的朋友们带着这本旅游指南来到东京，就是在促进中日友好，也希望大家来东京感受旅游的乐趣。

在《东京散步——东京 23 区最值得推荐的景点》中，姚戈先生介绍了鸠山会馆，我们深感荣幸，并深表感谢。

谨以此拙文，祝贺姚戈先生《东京散步——东京 23 区最值得推荐的景点》一书的出版。

序 2

原国家旅游局副局长 祝善忠

很高兴能受姚戈先生的邀请为他的新作《东京散步——东京 23 区最值得推荐的景点》写个小序。姚戈先生多年来一直从事文化产业相关的工作，也担任着北京市旅游行业协会副会长的职务，在文化旅游领域颇有建树。近几年，他因工作多次到访日本，在走街串巷间，用文旅人的视角，记录了他在东京拍摄的博物馆、美术馆、公园、寺庙、史迹、老店铺、老建筑和文旅的景点、景致。特别可贵的是，这些记录中有很多小众景点，弥足珍贵。

在他的笔下，东京这座城市的历史和文化底蕴、科技和活力、建筑与景点通过有温度的图片和文字跃然于眼前，让人如身临其境般感受到这座城市的繁华和魅力，无论是高楼大厦、现代化的建筑，还是古代街道和文化遗产、动人的美食，还是各种高新技术都成为《东京散步——东京 23 区最值得推荐的景点》中鲜活的城市影像。

祝贺姚戈先生作为文旅人的动人之作，也希望更多的文旅人用动人的笔触和温暖的影像，为旅游者带来更多快乐与感动。

祝善忠

2025 年 1 月 23 日

序 3

巨人网络科技集团董事长 史玉柱

《东京散步——东京 23 区最值得推荐的景点》终于要面世了，这是一本东京旅游的指南书，也是了解东京的一个窗口。

大约在十年前，我们在日本一起旅行时，姚戈就开始了他的拍摄计划，他经常把自己满意的图片发给我，让我欣赏。这些优美的图片，总让我对生活充满了憧憬和期待。旅游的意义在于寻找内心的平静与自由，让我们暂时忘却生活的烦恼。同时，旅游又是一种生活态度，它让我们学会欣赏不同的风景，体验不同的文化，从而丰富我们的内心世界。 每次旅行都是对自我认知的一次拓展，让我们更加了解自己和认识这个世界。

每次到日本旅行都有不一样的感受。中日两国不仅在文化上有许多相似之处，在建筑和生活方面也有不少相似点。比如日本的传统建筑风格在很大程度上受到中国的影响，尤其是在唐代，大量的中国建筑技术和设计理念传入日本，对日本的传统建筑风格产生了深远的影响。再比如日本的茶道和花道深受中国影响，许多理念和实践方法都源自中国。这些相似点让我感觉既熟悉又陌生，从而产生一种旅行的冲动和欲望。

新书几乎涵盖了东京大大小小的景点，从古建筑、寺庙、神社，到博物馆、美术馆、纪念馆；从公园、游乐场、水族馆，到酒店、餐厅、购物街，可谓包罗万象，一应俱全。与其说这是一本介绍东京的书籍，不如说是一本在东京散步时用镜头记录的写真集。海量的图片和独特的视角，让人阅后对东京增加了许多新的了解。

祝贺《东京散步——东京 23 区最值得推荐的景点》的出版发行，也希望读者能从书中有所获益。

2025 年 1 月 11 日

目录 CONTENTS

1 千代田区

明治大学博物馆 / 002
东京国立近代美术馆 / 004
三菱一号馆美术馆 / 006
静嘉堂文库美术馆 / 008
出光美术馆 / 010
东京站 / 012
法务省旧本馆 / 014
旧李王家东京邸 / 016
国会议事堂 / 018
市政会馆 / 020
东京会馆 / 022
学士会馆 / 024
东京国际论坛 / 026
北之丸公园 / 028
武道馆 / 030
科学技术馆 / 031
日比谷公园 / 032
松本楼 / 033
大谷庭园 / 034
千鸟渊绿道 / 036
皇居 / 038
皇居外苑 / 040
皇居东御苑 / 042
皇居三之丸尚藏馆 / 044
日枝神社 / 046
神田神社 / 048
东京复活大圣堂 / 050

2 中央区

货币博物馆 / 052
警察博物馆 / 054
国立电影资料馆 / 056
三井纪念美术馆 / 058
ARTIZON 美术馆 / 060
日本银行总部旧馆 / 062
歌舞伎座 / 064
滨离宫恩赐庭园 / 066
鹰之御茶屋 / 067
水天宫 / 068
筑地本愿寺 / 070

3 港区

东京广告博物馆 / 072
NHK 广播博物馆 / 074
海洋科学博物馆 / 076

明治纪念馆 / 078
冈本太郎纪念馆 / 080
国立新美术馆 / 082
21_21 DESIGN SIGHT 美术馆 / 084
森美术馆 / 086
三得利美术馆 / 088
菊池宽实纪念 智美术馆 / 090
松冈美术馆 / 092
迎宾馆赤坂离宫 / 094
和风别馆游心亭 / 096
旧竹田宫邸洋馆 / 098
高轮消防署二本榎出张所 / 100
旧新桥停车场 / 102
东京塔 / 104
国际文化会馆 / 106
旧国立公众卫生院大楼 / 108
明治学院纪念馆 / 110
因布里馆 / 111
庆应义塾大学图书馆旧馆 / 112
三田演说馆 / 114
毛利庭园 / 115
桧町公园 / 116
芝公园 / 118
国立科学博物馆附属自然教育园 / 120
旧芝离宫恩赐庭园 / 122
台场海滨公园 / 124
新高轮日本庭园 / 126
六本木新城 / 128
东京中城 / 129
麻布台新城 / 130
台场 / 131
富士电视台总部大楼 / 132
超梦幻水族馆乐园 / 134
增上寺 / 136
瑞圣寺 / 138
爱宕神社 / 139
高轮教会礼拜堂 / 140

4 新宿区

民音音乐博物馆 / 142
消防博物馆 / 144
新宿历史博物馆 / 146
漱石山房纪念馆 / 148
宫城道雄纪念馆 / 150
草间弥生美术馆 / 152
圣德纪念绘画馆 / 154
SOMPO 美术馆 / 156
东京都厅舍 / 158
小笠原伯爵邸 / 160
早稻田大学国际文学馆 / 162
坪内博士纪念演剧博物馆 / 163
会津八一纪念博物馆 / 164
新宿御苑 / 166
· 英国风景式庭园 / 168
· 法国式整形庭园 / 169
· 日本庭园 / 170
都立户山公园 / 172
国立竞技场 / 174
东京歌剧城 / 176
末广亭 / 178

花园神社 / 180

5 涩谷区

古贺政男音乐博物馆 / 182
山种美术馆 / 184
太田纪念美术馆 / 186
松涛美术馆 / 188
和多利美术馆 / 190
旧朝仓家住宅 / 192
青山学院大学贝利馆 / 194
青山学院大学间岛纪念馆 / 195
青山学院大学高彻纪念馆 / 196
代代木公园 / 198
国立代代木竞技场 / 200
东京体育馆 / 202
国立能乐堂 / 204
新国立剧场 / 205
明治神宫 / 206
明治神宫博物馆 / 208
神宫御苑 / 210
东京大清真寺 / 212
原宿教堂 / 214

6 文京区

印刷博物馆 / 216
法布尔昆虫馆・虫子诗人馆 / 218
东京都水道历史馆 / 220
森鸥外纪念馆 / 222
鸠山会馆 / 224
鸠山会馆庭园 / 226
永青文库 / 228
东洋文库 / 230
弥生美术馆 & 竹久梦二纪念馆 / 232
旧伊势屋当铺 / 234
旧安田楠雄邸 / 236
东京大学 安田讲堂 / 238
东京大学 怀德馆 / 240
旧成濑仁藏住宅 / 242
小石川植物园 / 244
肥后细川庭园 / 246
松声阁 / 247
六义园 / 248
小石川后乐园 / 250
东京巨蛋 / 252
棒球殿堂博物馆 / 253
根津神社 / 254
汤岛圣堂 / 256
圣玛丽亚教堂 / 258

7 丰岛区

常盘庄漫画博物馆 / 260
熊谷守一美术馆 / 262
铃木信太郎纪念馆 / 264
自由学园明日馆 / 266
杂司谷旧传教士馆 / 268
学习院大学 旧皇族宿舍 / 270
立教大学 梅瑟纪念馆 / 272
立教大学 莫里斯馆 / 273
目白庭园 / 274
东京艺术剧场 / 276

阳光水族馆 / 278

8 江东区

日本科学未来馆 / 280
中川船番所资料馆 / 282
彩虹下水道馆 / 284
东京都水科学馆 / 286
煤气科学馆 / 288
梦之岛热带植物馆 / 290
芭蕉纪念馆 / 292
第五福龙丸展示馆 / 294
东京都现代美术馆 / 296
都立木场公园 / 298
猿江恩赐公园 / 300
清澄庭园 / 302
有明竞技场 / 304
有明体育馆 / 305
东京水上运动中心 / 306
东京国际展示场 / 308
富冈八幡宫 / 310

9 墨田区

烟草与盐博物馆 / 312
东武博物馆 / 314
刀剑博物馆 / 316
墨田北斋美术馆 / 318
旧小山家住宅 / 320
东京晴空塔 / 322
东京都复兴纪念馆 / 324
向岛百花园 / 326
旧安田庭园 / 328

10 台东区

东京国立博物馆 / 330
· 表庆馆 / 331
· 东洋馆 / 332
· 法隆寺宝物馆 / 333
· 平成馆 / 334
· 黑田纪念馆 / 335
· 宽永寺本坊庭园 / 336
国立科学博物馆 / 338
· 地球馆 / 340
· 日本馆 / 341
国立西洋美术馆 / 342
东京都美术馆 / 344
上野之森美术馆 / 346
东京文化会馆 / 348
旧东京音乐学校奏乐堂 / 350
国际儿童图书馆 / 352
东京艺术大学美术馆 / 354
红砖 1 号馆、2 号馆 / 356
横山大观纪念馆 / 358
子规庵 / 360
一叶纪念馆 / 362
朝仓雕塑馆 / 364
上野恩赐公园 / 366
不忍之池 弁天堂 / 368
清水观音堂 / 370
上野东照宫 / 372
旧岩崎邸庭园 洋馆 / 374

旧岩崎邸庭园 和馆 / 375
浅草寺 / 376

11 荒川区

尾久之原公园 / 378
都立汐入公园 / 380

12 足立区

足立区立乡土博物馆 / 382
东京武道馆 / 384
舍人公园 / 386
花畑纪念庭园 / 388

13 葛饰区

葛饰区乡土和天文博物馆 / 390
柴又 寅先生纪念馆 / 392
帝释天参道商业街 / 394
山本亭 / 396
都立水元公园 / 398
柴又帝释天题经寺 / 399
· 邃溪园 / 400

14 江户川区

地下铁博物馆 / 402
江户川区立行船公园 / 404
葛西临海公园 / 406
葛西临海水族园 / 408

15 品川区

品川历史馆 / 410
南极观测船“宗谷”号 / 411
旧岛津家本邸 / 412
东京都立潮风公园 / 414
池田山公园 / 416
御殿山庭园 / 417
大井竞马场 / 418
户越公园 / 420
品川水族馆 / 422

16 目黑区

日本近代文学馆 / 424
日本民艺馆 / 426
柳宗悦故居 / 427
东京都写真美术馆 / 428
现代雕塑美术馆 / 430
宫野古民家自然园 / 432
雅叙园 百段阶梯 / 434
目黑川 / 436
目黑区立营刈公园 / 438
天主教碑文谷教会 / 440

17 大田区

昭和生活博物馆 / 442
熊谷恒子纪念馆 / 444
大森海苔故乡馆 / 446
大森故乡的海滨公园 / 447
池上梅园 / 448
洗足池公园 / 449
多摩川台公园 / 450
东京港野鸟公园 / 452

平和岛赛艇竞技场 / 454
大田区立平和之森公园 / 456
本门寺 / 458

18 练马区

牧野纪念庭园 / 460
千寻美术馆 / 462
石神井公园 / 464
光之丘公园 / 466
练马区立池渊遗址公园 / 468
东京哈利・波特影城 / 469
・霍格沃茨大礼堂 / 470
・格兰芬多公共休息室 / 471
・斜角巷 / 472
・9¾ 站台 / 473
・禁忌森林 / 474
・伦敦魔法部 / 475
・水蜡树街 4 号 / 476
・可移动的肖像画 / 477
・霍格沃茨城堡 / 478

19 中野区

哲学堂公园 / 480

20 杉并区

杉并区立乡土博物馆 / 482
大田黑元雄纪念馆 / 484
大田黑公园 / 485
善福寺公园 / 486
角川庭园 / 488

21 世田谷区

食与农博物馆 / 490
贺川丰彦纪念 松泽资料馆 / 492
长谷川町子美术馆 / 494
砧公园 / 496
世田谷美术馆 / 498
芦花恒春园 / 500
次大夫堀公园民家园 / 502
冈本公园民家园 / 504
静嘉堂文库 / 506
旧小坂家住宅 / 508
世田谷代官宅邸 / 509
旧山田家住宅 / 510
猪股庭园 / 511
驹泽奥林匹克公园 / 512
等等力溪谷公园 / 514
世田谷八幡宫 / 516
豪德寺 / 518

22 北区

纸的博物馆 / 520
北区飞鸟山博物馆 / 522
涩泽史料馆 / 524
青渊文库 / 526
晚香庐 / 527
名主瀑布公园 / 528

23 板桥区

浮间公园 / 530
水车公园 / 532

附 1 东京迪士尼乐园

东京迪士尼乐园 / 534

· 世界市集 / 535

· 探险乐园 / 536

· 西部乐园 / 537

· 动物天地 / 538

· 梦幻乐园 / 539

· 卡通城 / 540

· 明日乐园 / 541

附 2 东京迪士尼海洋

东京迪士尼海洋 / 544

· 地中海港湾 / 545

· 美国海滨 / 546

· 发现港 / 547

· 失落河三角洲 / 548

· 阿拉伯海岸 / 549

· 美人鱼礁湖 / 550

· 神秘岛 / 551

附 3 箱根

雕刻之森美术馆 / 5554

POLA 美术馆 / 556

冈田美术馆 / 557

玻璃之森美术馆 / 558

成川美术馆 / 559

大涌谷 / 560

箱根关所 / 561

箱根海盗船 / 562

强罗公园 / 563

恩赐箱根公园 / 564

箱根神社 / 565

界 · 仙石原温泉酒店 / 566

富士屋酒店 / 568

箱根 · 翠松园 / 570

后记

我所记录的东京 / 572

1 千代田区

明治大学博物馆

BOWUGUAN MINGZHI DAXUE

“明治大学博物馆”隶属于东京明治大学，其前身是刑事博物馆，2004年向公众开放。博物馆藏品数量超过30万件，包括旧石器时代至古坟时代遗址出土的文物、古代刑具与法律文书，以及日本传统手工艺品等。馆内由考古展示室、刑事展示室、商品展示室等组成。重要展品之一是1893年出版的《德川幕府刑事图谱》，收录了德川幕府政权时期的审讯与刑罚。展出了日本刑具和欧洲刑具复制品“铁娘子”与“断头台”，直观展现各国历史上的酷刑手段。

地址：東京都千代田区神田駿河台1-1明治大学アカデミーコモン地階

东京国立近代美术馆

DONGJING GUOLIJINDAI MEISHUGUAN

“东京国立近代美术馆”是日本最早成立的国立美术馆，创立于 1952 年。该馆主要收藏日本明治维新之后的近现代艺术品，藏品数量约 1.3 万件。其中包括日本当代艺术家的杰作以及重要文化遗产。美术馆共有四层：一层举办临时展览，二层至四层陈列馆藏美术品，展出约 200 件优秀名作。这是唯一能够通过常设展全面欣赏明治时期以来百余年日本近代艺术发展历程的美术馆。

地址：東京都千代田区北の丸公園 3-1

三菱一号馆美术馆

SANLING YIHAOGUAN MEISHUGUAN

“三菱一号馆美术馆”是 1894 年由英国建筑师乔赛亚·康德设计，采用了 19 世纪末流行的安妮女王风格。这栋建筑因老化而在 1968 年被拆除，2009 年在原址复原，2010 年重新开放。藏品以 19 世纪末西方美术为中心，展示 19 世纪下半叶到 20 世纪上半叶的近代美术作品。重要藏品之一是法国象征主义画家奥迪隆·雷东的《大花束》。

地址：東京都千代田区丸の内 2-6-2

静嘉堂文库美术馆

MEISHUGUAN
JINGJIATANG WENKU

“静嘉堂文库美术馆”是一座专注收藏东亚艺术品的博物馆，由三菱财阀第二任总裁岩崎弥之助创建。藏品包括7件国宝在内的约6500件东亚古代美术品和约20万册古籍。其中最为人熟知的是一只曜变天目茶碗，这是中国南宋时期的艺术品，现存的曜变天目茶碗仅有3只。2022年，美术馆整体搬迁至明治生命馆。明治生命馆建于1934年，是昭和初期具有代表性的近代西洋建筑。

地址：東京都千代田区丸の内 2-1-1 明治生命館 1F

岩崎家のお雛さま

出光美术馆

CHUGUANG MEISHUGUAN

“出光美术馆”位于帝国剧场大厦内，于1966年开馆，该馆汇聚了约1万件美术珍品，包括国宝级艺术品2件，重要文化遗产51件。藏品涵盖了日本绘画、中国陶瓷、西洋绘画等多个领域，被誉为“东洋艺术的璀璨瑰宝”。馆内展示了从中国汉代至明代的陶器，包括南宋龙泉窑青瓷浮雕牡丹纹双耳瓶、金定窑白瓷绣花牡丹唐草纹瓶等艺术品。此外，还珍藏了涵盖各个历史时期的日本绘画作品，如被誉为国宝的《伴大纳言绘卷》和《见怒世友》。

地址：東京都千代田区丸の内3-1-1 帝劇ビル9階

Celadon
青磁
世界を魅了したやきもの

东京站

DONGJINGZHAN

“东京站”被誉为东京的“表玄关”，是日本现代化进程的重要象征。最早使用的丸之内侧站房是由明治时代建筑师辰野金吾（1854—1919）设计，灵感源于阿姆斯特丹中央车站，于 1914 年完工。车站在“二战”中损毁，2012 年复原，作为日本最繁忙的交通枢纽之一，它是日本全国新干线最重要的列车始发站，可直达 32 都道府县，每天发出约 3000 班列车。

地址：東京都千代田区丸の内 1-9-1

法务省旧本馆

FAWUSHENG JIUBENGUAN

“法务省旧本馆”也叫中央合同厅舍第6号馆，因其使用红砖砌成的外墙而被称为“红砖楼”，由德国建筑师布克曼与恩德设计，建于1895年。于1945年被烧毁，1994年重新恢复。现在，这栋建筑是政府相关机构的办公场所。三楼设有法务史料展示室，展出与“司法现代化”等相关的史料。

地址：東京都千代田区霞が関 1-1-1

旧李王家东京邸

JIULIWANGJIA DONGJINGDI

“旧李王家东京邸”原是赤坂王子酒店的旧馆部分，建于 1930 年。这座庞大的都铎哥特式建筑，曾经是江户时代纪州德川家的大名府，后来成为朝鲜被吞并时李氏皇族在东京的府邸。第二次世界大战后，这座建筑被出售给西武铁道，作为初代赤坂王子酒店的设施，用于酒吧、餐厅、婚礼场地使用。2011 年，该建筑被指定为东京都有形文化遗产。

地址：東京都千代田区紀尾井町 1-2

国会议事堂

GUOHUI YISHITANG

“国会议事堂”是日本国会所在地，于1920年开工、1936年竣工。建筑面积约5.5万平方米，是一座近代式样的建筑。其设计为左右对称，中间部分突起，呈金字塔尖顶，地上三层、地下一层、中央塔四层。左侧为众议院，右侧为参议院。议事堂的周围还有首相官邸、议员会馆、记者会馆和国会图书馆等设施。

地址：東京都千代田区永田町1-7-1

市政会馆

SHIZHENG HUIGUAN

“市政会馆”于1929年与日比谷公会堂一起落成，是一座钢筋混凝土结构的建筑。该建筑的设计方案在8名建筑师参与的竞赛中胜出，佐藤功一的方案获得通过。整个建筑为地下一层，地上六层，塔楼四层，采用了对称设计，中央是一座钟楼，外墙使用棕色瓷砖覆盖，关键部位采用石材和黄色陶土，具有哥特式装饰艺术风格，是日本建筑中全面使用陶瓷材料的先驱。现已被东京都列入历史建筑名录。

地址：東京都千代田区丸の内3-2-1

Hiroshima

东京会馆

DONGJING HUIGUAN

“东京会馆”与日本皇居对望，由建筑家田边淳吉设计，于1922年开业。初代本馆为文艺复兴样式，于2019年重建。新本馆以“new classics”（结合古典与现代的设计风格）为概念，大堂有以第一代主楼装饰中几何图案为灵感重新设计的“拱形天花板”，以及在古典装饰中加入和风精髓的“迎光壁灯”。一楼入口大厅保存着猪熊弦一郎制作的马赛克瓷砖壁画“都市·窗户”。可容纳2000人的主宴会厅“玫瑰”，依然保留着大正时代的紫罗兰吊灯、镜子和壁炉。

地址：東京都千代田区日比谷公園1-3

学士会馆

XUESHI HUIGUAN

“学士会馆”是东京大学的发源地，建于1928年，由建筑师高桥贞太郎（1892—1970）设计，最初是全国高校学生的交流场所。会馆拥有昭和现代风格的入口、半圆形大拱门和划痕瓷砖外墙。其内部设计典雅，融合了日本传统文化元素，现已作为住宿、餐厅和婚礼大厅供公众使用。该建筑已被认定为日本有形文化遗产。

地址：東京都千代田区神田錦町 3-28

东京国际论坛

GUOJI LUNTAN DONGJING

“东京国际论坛”建于1997年，由出生于乌拉圭的美国建筑师拉斐尔·维诺利设计。它由一个以船为主题的玻璃大楼与一组四座矩形大厅建筑组成，中间是一个开放的榉树广场，这些建筑之间由玻璃天桥相连，其钢制框架高达60米。该建筑为地上十一层，地下三层。内部设有七个展览厅、三十四个会议室，以及商店、餐厅、美术馆等设施。

地址：東京都千代田区丸の内 3-5-1

北之丸公园

BEIZHIWAN GONGYUAN

“北之丸公园”是江户时代江户城北之丸的所在地，现仍保留着江户城的田安门、清水门以及一段护城河。在明治时代，这里曾被用作近卫师团的兵营，“二战”后改为皇居周边的绿地并被改造成公园。1969 年，该公园向公众开放。园内保留了原有的自然景观，拥有大片的林木和水塘，种植了约 250 株樱花树，还有各种历史建筑和纪念碑。

地址：東京都千代田区北の丸公園 1-1

武道馆

WUDAOGUAN

“武道馆”建于1964年，同年成为第十六届东京奥运会柔道项目比赛场地。在2020年东京奥运会和残奥会期间，该馆作为比赛场馆，负责主办武术、柔道、空手道等赛事。“武道馆”之意是“日本武术名人堂”，由建筑师山田守（1894—1966）设计。其“八角形”的外观以法隆寺梦殿为样板，大房梁的棱线则以富士山为原型。时至今日，武道馆更有一种“圣地”及“最高殿堂”的象征意义，许多歌手都以在此举办演出而感到十分荣幸。

地址：東京都千代田区北の丸公園2-3

科学技术馆

JISHUGUAN
KEXUE

“科学技术馆”于1964年开馆。馆内的展品和演示内容涵盖物理学、化学、生物学、地球科学、天文学等领域。该建筑设计独特，外墙被散布在宇宙中的星星形象所覆盖，从上空俯瞰，很像“天”字。科学馆分为四层，内部设有十多个不同的体验区，展览网罗了科学发现的一切要点，可以一边观看，一边触摸，一边体验。

地址：東京都千代田区北の丸公園 2-1

日比谷公园

RIBIGUGONGYUAN

“日比谷公园”是日本首座“西洋式公园”，于 1903 年开放。该公园建在仙台藩第一代藩主伊达政宗的故居遗址上，曾是幕府末期的大名宅邸，由造园家本多静六（1866—1952）设计。这座开放式的公园没有门和围墙，里面有西式花圃、大小音乐堂、图书文化馆和网球场等设施。此外，还有车马道、护城墙、心字池、云形池等在江户时代就已存在的遗存。

地址：東京都千代田区日比谷公園 1-6

松本楼

SONGBENLOU

“松本楼”建于 1903 年，是中国近代民主革命先行者孙中山生前挚友、结拜兄弟梅屋庄吉的故居。楼内保存着大量孙中山在日本居住期间使用过的物品与文献资料，包括一架宋庆龄经常弹奏的钢琴。1915 年，孙中山和宋庆龄的婚礼就是在梅屋庄吉夫妇家中举行的。“松本楼”现为一家西餐厅及宴会厅。

地址：東京都千代田区日比谷公園 1-6

大谷庭园

DAGUTINGYUAN

“大谷庭园”曾是江户时代初期武将加藤清正的下屋敷[1]，已有约400年的历史。1964年，实业家大谷米太郎应日本政府的委托，为了举办东京奥运会在这里建设了新大谷酒店，庭园成了酒店的象征。这座庭园保留了江户时代的池泉回游式庭园风格，通过地形、水景、植物、建筑、灯光等多方面营造了丰富的空间与景观，特别是池塘中央落差6米的瀑布，成为东京都内独特的景观。

1　下屋敷是指江户时代大名用于经营或休养的次级府邸。

地址：東京都千代田区紀尾井町 4-1

千鸟渊绿道

QIANNIAOYUAN LÜDAO

“千鸟渊绿道”是沿着皇居护城河修整而成的一条漫游步道，长约700米，自江户时代起便以其独特的“千鸟”形状闻名。道路两旁种植有大约260株染井吉野樱等各种樱花树，每到春季的樱花时节，整个步道仿佛被染成粉红色的世界，吸引无数游客前往散步和赏樱，是东京著名的赏樱景点。这里最大的特色是可以划船赏花，在樱花花海之中一边悠闲地划船，一边欣赏樱花树倒映在千鸟渊水面上的景色。

地址：東京都千代田区九段南2丁目

皇居

HUANGJU

“皇居”于1590年由德川幕府第一代将军德川家康修筑。1869年，明治天皇将江户城改为东京城，并成为天皇的居所。皇居由“御所”“宫殿”和“宫内厅”等组成。皇居在“二战”期间受到美军轰炸，1968年依据原貌重建。皇居内有厚重的石墙、古老的树木和护城河，形成了一道坚固的防御线。二重桥是通向皇宫的特别通道。

地址：東京都千代田区千代田 1-1

皇居外苑

HUANGJUWAIYUAN

“皇居外苑”主要包括皇居前广场以及皇居周边的地区，通常以皇居前广场为中心。这个区域不仅包括广阔的草坪广场，还有江户时代建造的樱田门和二重桥等代表性历史建筑。在广场上种植有约 2000 棵黑松树，以及 14 世纪的武士楠木正成雕像和为庆祝皇室婚礼而建的和田仓喷水公园。

地址：東京都千代田区皇居外苑 1-1

皇居东御苑

DONGYUYUAN HUANGJU

“皇居东御苑”是皇居的一部分，分为本丸、二之丸和三之丸三个区域。本丸是曾经的主要防御线，二之丸是第二防御阵线，内有日式庭园。当时的护城河、城墙、城门和富士见橹等都是由德川幕府建造，园内有诹访茶室、乐部厅舍、桃华乐堂、天守阁遗迹、番所、大手门、平川门等历史建筑。

地址：東京都千代田区千代田 1-1

皇居三之丸尚藏馆

SHANGCANGGUAN HUANGJU SANZHIWAN

“皇居三之丸尚藏馆”是皇居东御苑内的艺术博物馆，于 1993 年建成开放。馆内藏品主要来自日本皇室，包括昭和天皇及历代皇室成员的私人收藏，数量约 9800 件，涵盖绘画、书法、雕刻与工艺品等。重要馆藏包括日本战国时代画家狩野永德的代表作《唐狮子图屏风》、江户时代画家伊藤若冲《动植彩绘》系列等。

地址：東京都千代田区千代田 1-8 皇居東御苑内

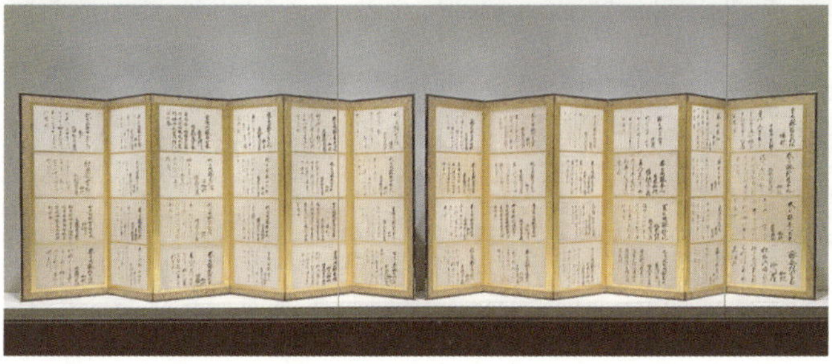

日枝神社

RIZHISHENSHE

“日枝神社”是室町时代武将太田道灌在修筑江户城时作为其神社之一而建造，主要供奉的神祇为大山咋神，是江户城的守护神。日枝神社的鸟居有别于一般的鸟居，最上面有一个三角形，这就是山王鸟居。神社的后参道比较陡，为了方便参拜者，就修建了自动扶梯。神社附近有首相官邸、议长公寓、国会议事堂、内阁府等政府机构，因此受到政界和商界的崇敬。

地址：東京都千代田区永田町 2-10-5

平成二十六年四月吉日
清水建設株式会社

神田神社

SHENTIANSHENSHE

“神田神社”又名神田明神，建于730年。作为江户总镇守，神田神社长久以来一直保佑着江户繁荣和人民安泰，许多做生意的店主，会特别来到神社祈求生意兴隆。神田明神的“神田祭”与日枝神社的“山王祭”、深川八幡宫的“八幡祭”并称为“江户三大祭”。据说，德川家康当年因获得神田明神加持过的御守，而在关原之战获得了胜利。

地址：東京都千代田区外神田 2-16-2

真心

奉納
真心

鳳輦神輿
奉安庫

东京复活大圣堂

DASHENGTANG DONGJINGFUHUO

“东京复活大圣堂”又称“尼古拉堂”，建于 1891 年，由英国建筑师乔赛亚·康德设计。1861 年，俄国修道士“圣尼古拉”来到日本后，不辞辛劳地筹集资金，耗时七年建起了这座圣堂。正殿和钟楼上璀璨的十字架，以及圣堂里的吊灯等，都使用了明治时代的设计。正门上的八端十字架是东正教会的象征。

地址：東京都千代田区神田駿河台 4-1-3

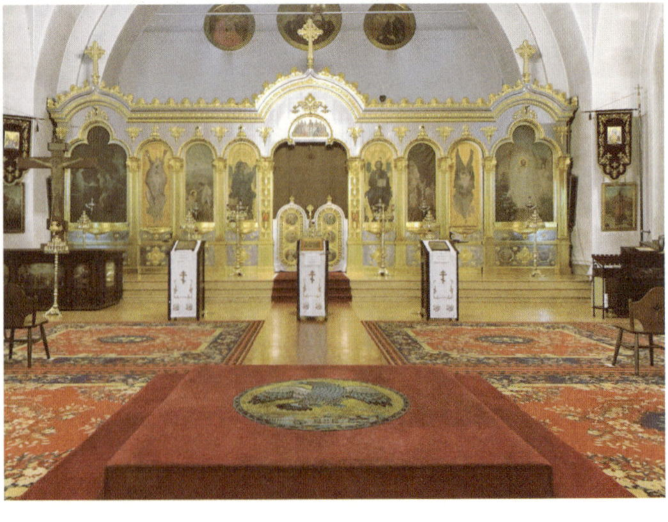

2 中央区

货币博物馆

HUOBI BOWUGUAN

“货币博物馆”于 1985 年开馆。展品涵盖了从日本古代到现代的货币历史，包括日本的金币、银币、纸币以及外国流入日本的货币。博物馆展示的德川家康统一货币之前的各种硬币，反映了当时各个藩的特色与文化。

地址：東京都中央区日本橋本石町 1-3-1 日本銀行分館内

1億円を持ってみませんか

中世
Medieval Times
中世
銭がやってきた

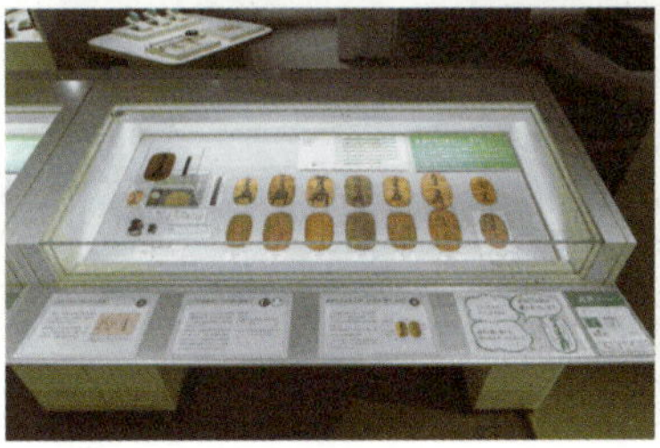

貨
幣
博
物

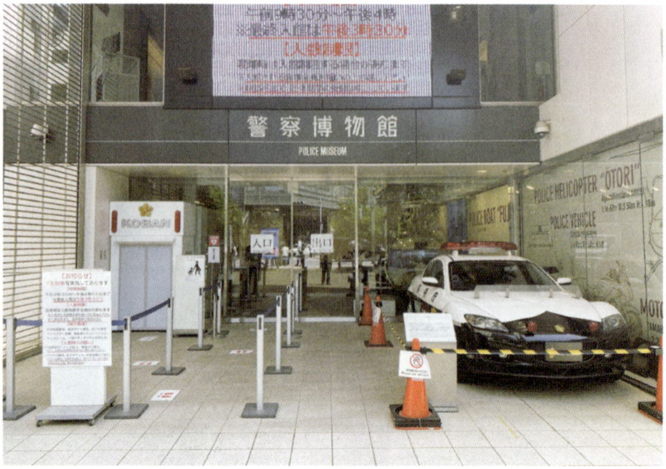

警察博物馆

JINGCHA BOWUGUAN

“警察博物馆”于 1987 年开馆。在馆内，可以通过视频和实物以及特殊装备了解日本警察的历史。包括初创时期开始的各类事件相关资料和制服等装备的变迁、各领域警察的工作等，以及展示的真实警车和摩托车。此外，还有日本警视厅使用的第一架直升机“Harukaze”。

地址：東京都中央区京橋 3-5-1

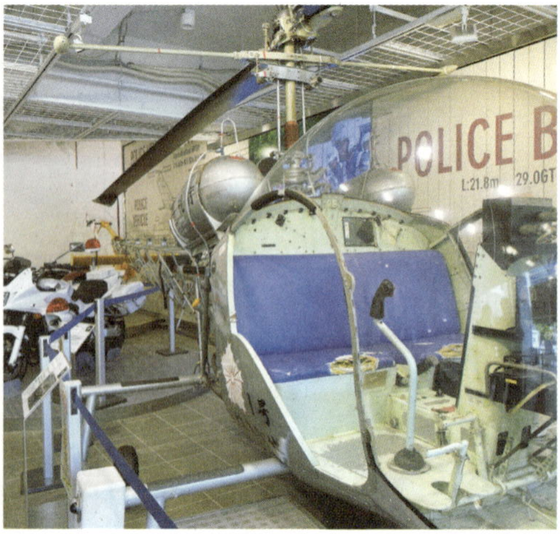

POLICE MUSEUM
警察博物館

警視庁
1号

POLICE BOAT

国立电影资料馆

GUOLI DIANYING ZILIAOGUAN

“国立电影资料馆”成立于2018年，馆内收藏了约8万部电影胶卷、80万件电影书籍和海报。这些收藏涵盖了从20世纪20年代到现今的大量国内外胶片作品。资料馆不仅进行电影资料的保存，还对其进行深入研究。在常设展“日本电影的历史”，从导演、技术革新、广告宣传、电影政策等多个角度介绍日本电影的发展与成就。

地址：東京都中央区京橋 3-7-6

日本映画と音
日本映画の歴史

日本映画と音楽
日本映画の歴史

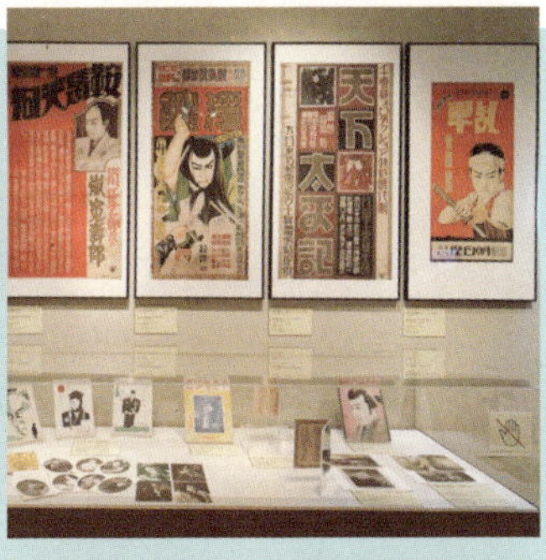

日本映画と
音楽

夜の蝶

三井纪念美术馆

MEISHUGUAN SANJING JINIAN

“三井纪念美术馆”前身为“三井文库别馆”，于2005年开馆。馆内收集展示了三井家族捐赠的自江户时代以来300年间收藏的日本和东方艺术品约3700件，其中有6件国宝、71件日本重要文化遗产。展品包括“雪松图屏风”为代表的圆山派绘画，“志野茶碗”等茶道用具，能乐用的面具[1]等。此外，还收藏了约13万枚世界各地的邮票。

1 “能乐用的面具”是指专门用于能乐（能剧）表演的面具，即能面或翁面。

地址：東京都中央区日本橋室町2-1-1 三井本館7階

ARTIZON 美术馆

ARTIZON MEISHUGUAN

“ARTIZON 美术馆”原名为普利司通美术馆，由日本轮胎制造商普利司通创始人石桥正二郎（1889—1976）创立于 1952 年。馆内现有藏品约 2800 件，其中国宝 1 件、重要文化遗产 7 件。重要藏品包括室町时代雪舟的《四季山水图》、法国画家雷诺阿的《坐着的夏庞蒂埃小姐》等。展厅按主题分为“日本近代西洋画”“古代艺术”“西方艺术”“东方艺术”四个部分。

地址：東京都中央区京橋 1-7-2

ABSTRACTION
ARTIZON MUSEUM
AB
STR
ACT
ION

日本银行总部旧馆

ZONGBU JIUGUAN RIBENYINHANG

“日本银行总部旧馆”建于江户时代的金币铸造所遗址上，由建筑师辰野金吾（1854—1919）设计，于1896年竣工，由旧楼（主楼、2号楼、3号楼）、新楼和附属楼组成。主楼为地上三层，地下一层，外墙采用花岗岩和安山岩，防御极为坚固。主楼一层是宽敞的原营业厅，地下室是原地下金库，二层是档案展览室，陈列着历任行长的肖像和日本银行曾经使用过的珍贵物品。

地址：東京都中央区日本橋本石町 2-1-1

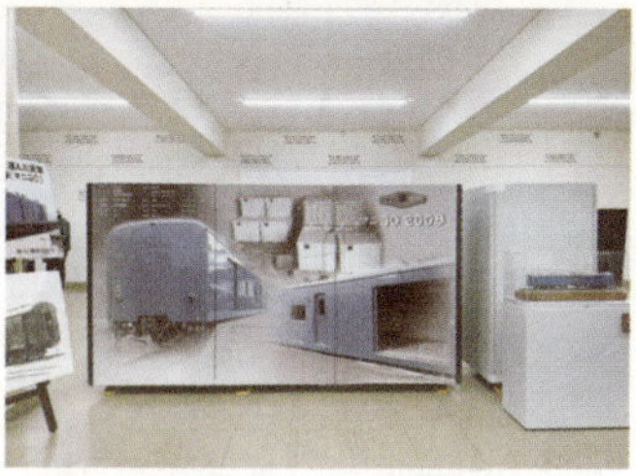

歌舞伎座

GEWU JIZUO

“歌舞伎座”是歌舞伎专用剧场，自 1889 年开业以来，历经多次烧毁和改建，现在的建筑为第五代，已被列为日本国家有形文化遗产。歌舞伎连同文乐木偶戏和能剧，构成了日本三大传统戏剧艺术形式。歌舞伎座拥有约 2000 个座位，建筑风格融合了桃山时代的特色，剧场内是高挑的拱形天花板和精心设计的旋转舞台及暗门，使布景变换迅速且富有戏剧性。

地址：東京都中央区銀座 4-12-15

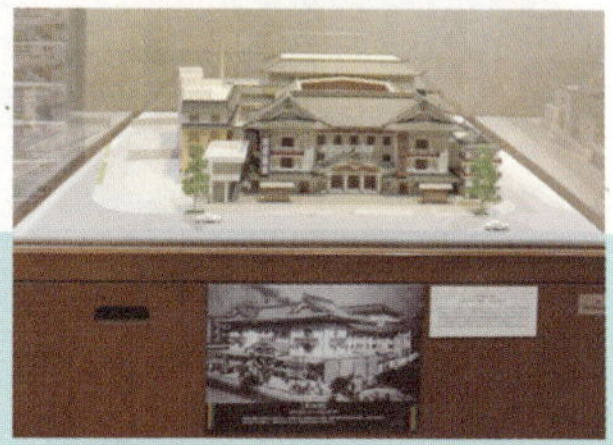

滨离宫恩赐庭园

ENCI TINGYUAN BINLIGONG

“滨离宫恩赐庭园”最初由德川纲重于1654年建造，作为江户时代的大名庭园，历经了多次扩建和修复，最终形成了现在的规模。它是东京都内唯一保存下来的“潮入庭园”，即引东京湾海水入池，根据潮涨潮落调节池水，使庭园独具特色。园内有300年历史的黑松、花田、茶屋，以及两座猎鸭场。现已被日本指定为特别史迹、特别名胜。

地址：東京都中央区浜離宮庭園 1-1

鹰之御茶屋

CHAWU YINZHIYU

“滨离宫恩赐庭园”内的“鹰之御茶屋”建于1795年左右，是江户时代第十一代将军德川家齐统治时期，将军狩猎时的休息场所。与其他御茶屋不同的是，它是以茅草屋顶和内部敲打土壁为特征的农家风建筑，为木质单层结构，屋里还附带了饲养鹰的鹰房。“鹰之御茶屋”曾在战争中被大火烧毁，于2018年复原完成。

地址：東京都中央区浜離宮庭園 1-1

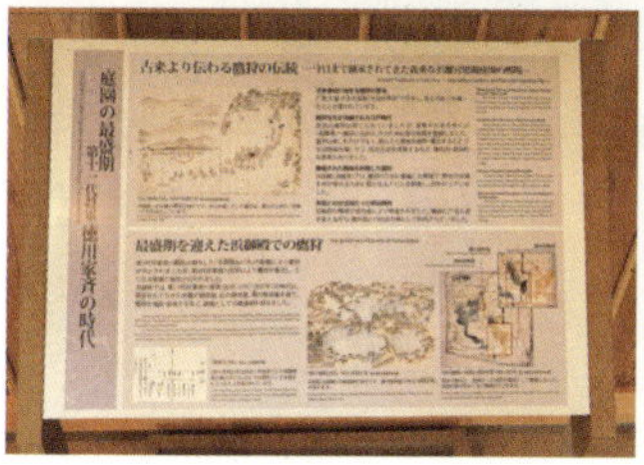

水天宫

SHUI TIAN GONG

“水天宫”始建于1818年，是日本桥地区的著名神社之一。自江户时代起一直以安产和送子的祈愿而闻名。2016年，水天宫进行了重建，正殿屋顶曲线特别引人注目，被认为是“权现造”，即菩萨化身神的形式。此外，水天宫里还有一座子宝犬的青铜雕像，传说抚摸这只狗的头部可以求得孩子，为许多想有孩子的家庭带来了希望。

地址：東京都中央区日本橋蛎殻町 2-4-1

筑地本愿寺

ZHUDI BENYUANSI

“筑地本愿寺”是一座净土真宗直属寺院，始建于 1617 年。在经历了火灾和关东大地震后，由建筑师伊藤忠太（1867—1954）设计重建，于 1934 年竣工。建筑风格受印度寺庙的启发，体量宏大，装饰精美。主像是一尊阿弥陀如来立像，入口两侧有管风琴为佛教赞美诗伴奏，让人联想到基督教教堂的大厅。该寺院的大殿、山门和石墙均已被指定为日本重要文化遗产。

地址：東京都中央区築地 3-15-1

3 港区

东京广告博物馆

DONGJINGGUANGGAO BOWUGUAN

“东京广告博物馆”于2002年开馆。常设展以时间轴的方式展示了从江户时代至今的日本广告历史，追溯了日本200年来广告技术和工具的变革。特展则定期更新一次，展示各大国际广告节及日本重要广告奖项的获奖作品。馆内收藏了丰富的广告史实物和数字化资料，包括13.3万件印刷广告、4.1万个视频和1.1万条音频。

地址：東京都港区東新橋1-8-2 カレッタ汐留地下1・2階

吉田秀雄

TOKYO 1964 TOKYO 1964 TOKYO 1964
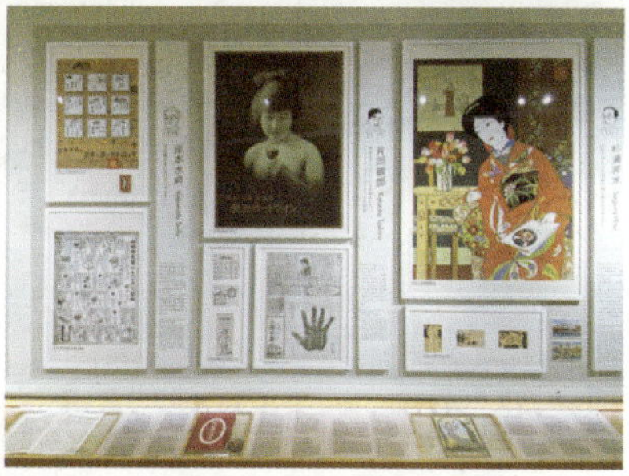

バリアを壊す
背中を押す

ADWEEK
TIME

NHK广播博物馆

NHK GUANGBO
BOWUGUAN

“NHK 广播博物馆”于 1956 年开馆。馆内展示了从广播到电视，以及卫星广播、高清电视和数字广播的发展历程，涵盖了 90 多年的历史。收藏了约 3 万件广播设备和材料，包括旧型摄影机和麦克风，以及不同年代日本家庭在客厅看电视的仿真场景。此外，博物馆还设有 8K 超高清巨幕影片和放送体验工作室。

地址：東京都港区爱宕 2-1-1

ATAGOYAMA
8K THEATER

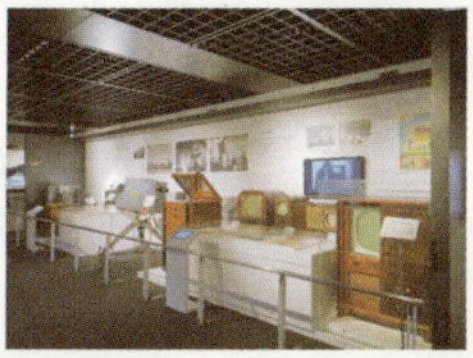

NHK

海洋科学博物馆

BOWUGUAN HAIYANGKEXUE

“海洋科学博物馆”位于东京海洋大学品川校区内，主馆陈列着海龟、贝类、虾、蟹、海獭和其他海洋生物的标本。在别馆的鲸鱼画廊，展示着世界上最大、体长约 17 米的蝉鲸全身骨骼标本，以及鲸鱼的全身骨架。户外的“云鹰丸”旧海洋调查船，于 1909 年在大阪铁工所樱岛造船厂建造，是一艘美式远洋捕鲸帆船。调查船从 1909 年到 1929年进行了36次航海，并成功地在船上完成了螃蟹罐头的加工制造。1998 年被指定为日本有形文化遗产。

地址：東京都港区港南 4-5-7 東京海洋大学品川キャンパス内

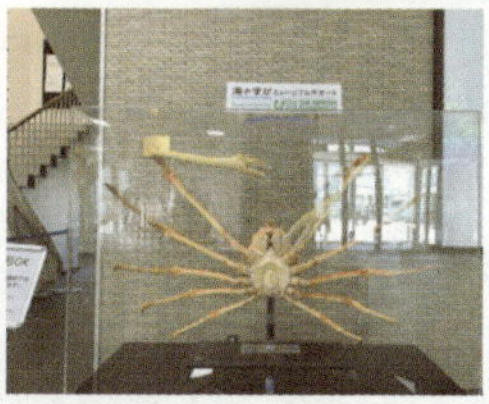

コククジラ（アジア系）
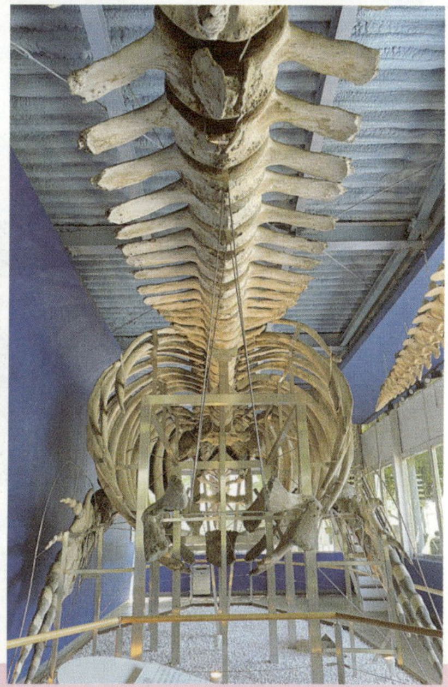
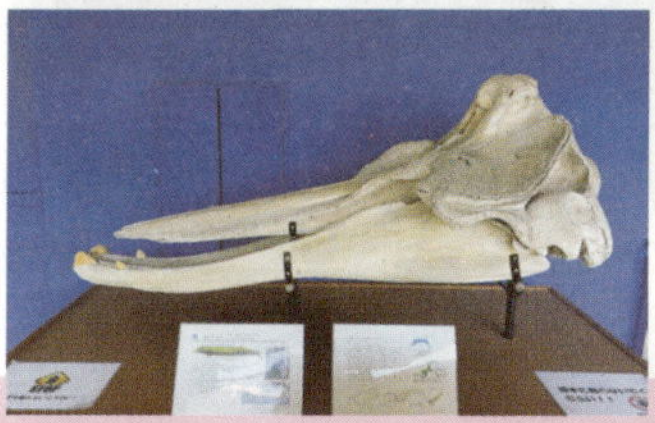

AQUACULTURE

明治纪念馆

MINGZHI JINIANGUAN

"明治纪念馆"于1947年对外开放。这座建筑的前身是明治初期建造的赤坂临时宫殿附属设施。1881年，关于《帝国宪法》和《皇室法》草案的御前会议在这里的"金鸡厅"举行。主楼入口处的门廊是一座宫殿式建筑，具有京都皇宫和大殿的风格。该建筑已被指定为东京都有形文化遗产。

地址：東京都港区元赤坂2-2-23

憲法記念館

冈本太郎纪念馆

GANGBENTAILANG JINIANGUAN

“冈本太郎纪念馆”是著名艺术家冈本太郎的旧居兼工作室。馆内展示了冈本太郎的艺术作品、生活场景以及他创作作品的现场。冈本太郎（1911—1996）在这里创作了许多著名的艺术作品，包括《无题》《太阳之塔》等。纪念馆由建筑师樱淳三设计，保留了旧建筑，重建了相邻的两层木制书房和雕塑工作室。馆内庭院种植着繁茂的亚热带植物，创造出一个幽静的环境。

地址：東京都港区南青山 6-1-19

1996→

TARO

国立新美术馆

GUOLIXIN MEISHUGUAN

“国立新美术馆”由建筑家黑川纪章（1934—2007）设计，于2007年开馆，建筑面积4.8万平方米，建筑主体共有五层，是日本面积最大的国立美术馆。该建筑呈巨大的倒锥体，外观巨大、蜿蜒的曲线造型极具特色。馆内常年举办高水平的主题展览，展出内容广泛。位于三层的艺术图书馆，收藏近13万册艺术、设计和建筑类书刊。

地址：東京都港区六本木7-22-2

21_21 DESIGN SIGHT 美术馆

MEISHUGUAN
21_21 DESIGN SIGHT

“21_21 DESIGN SIGHT”位于六本木东京中城花园内，由建筑师安藤忠雄和设计师三宅一生联手打造，于2007年开馆。安藤忠雄以其标志性的铁板折纸风格设计建筑外观，构思了由单块铁板折弯而成的巨大屋顶。此外，还使用了日本最长的双层玻璃等，汇聚了多项世界领先的建筑技术。内部展览则以“日常生活”为主题，通过对话、工作坊等形式，让参观者体验到设计的乐趣和新鲜感。

地址：東京都港区赤坂9-7-6 東京ミッドタウン ミッドタウン・ガーデン

03

森美术馆

SENMEISHUGUAN

“森美术馆”位于六本木新城森大厦五十三层，由日本森大厦株式会社前社长森稔（1934—2012）创立，于 2003 年开馆，是日本最高的美术馆，由美国建筑师理查德·格鲁克曼（Richard Gluckman）设计。馆内以现代美术为中心，进行由绘画、雕塑、建筑、时尚，以及装置等构成的企划展示，展览涵盖了世界各地的作品，是亚太地区极具代表性的现代美术馆之一。

地址：東京都港区六本木 6-10-1 六本木ヒルズ森タワー 53F

OKYO CITY VIEW SHOP

MORI ART MUSEUM

三得利美术馆

SANDELI MEISHUGUAN

“三得利美术馆”建于1961年，是一座以日本古代美术品为核心的私立美术馆。该馆由建筑师隈研吾设计，采用百叶窗式外立面，能够开合调节以控制光线，内部则以原木重构“日本和室”，搭配竹子与流水等元素。现有藏品约3000件，涵盖绘画、陶瓷器、漆器、染织品和玻璃器皿等，包括1件国宝、15件重要文化遗产。重要藏品之一是被列为国宝的镰仓时代漆器“浮线绫螺钿莳绘手箱”。

地址：東京都港区赤坂9-7-4 東京ミッドタウンガレリア3階

迷
品

菊池宽实纪念 智美术馆

ZHI MEISHUGUAN JUCHIKUANSHI JINIAN

“菊池宽实纪念 智美术馆”以现代陶艺收藏家菊池智多年来收集的藏品为主体，于 2003 年开馆。连接 1 楼玄关大厅和地下展室的螺旋楼梯是菊池智创意的空间，墙面上放着银色的和纸，上面是书法家篠田桃红的“伊罗哈歌”料纸模仿“真·行·草”的汉字拼贴画作品。玻璃扶手是由玻璃艺术家横山尚人创作的，在天花板的光线下展现出美丽的曲线。美术馆每隔一年举办的“菊池双年展”，为新锐陶艺家发表的作品提供了展示的机会。

地址：東京都港区虎ノ門 4-1-35

松冈美术馆

MEISHUGUAN SONGGANG

“松冈美术馆”由松冈庄园创始人松冈清次郎（1894—1989）于1975年创立。2000年，他在私人住宅的现址上建造了新馆。馆内藏品约1800多件，涵盖了从古埃及、古希腊、古罗马到中国古代的艺术品，包括雕塑、陶瓷、绘画、青铜器等，其中以中国佛像、中国陶瓷最有特色，包括一批罕见的元青花瓷器。

地址：東京都港区白金台5-12-6

迎宾馆赤坂离宫

CHIBANLIGONG YINGBINGUAN

“迎宾馆赤坂离宫”始建于1909年，最初作为东宫御所而建，总面积达到1.5万平方米，由宫廷建筑师片山东熊（1854—1917）设计，是日本唯一的新巴洛克风格宫殿建筑物。该建筑物汇集了当时日本的建筑、美术、工艺界的全部力量，彰显出明治时期近代西洋风格建筑到达的高度。从1974年开始，这里与新建的和风别馆一起成为日本的国家迎宾设施。2009年被指定为日本国宝。

地址：東京都港区元赤坂2-1-1

和风别馆游心亭

YOUXINTING HEFENGBIEGUAN

“和风别馆游心亭”是迎宾馆赤坂离宫的附属建筑，由建筑师谷口吉郎（1904—1979）设计，于1974年建成。迎宾馆本馆举办的活动与接待为西式风格，而别馆则是通过日式风格的设计与纯日式的接待来迎接各个国家的宾客。让宾客在感受到日本“家”与“庭园”所具有美丽特性的同时，也通过茶道、花道、和食等提供“和”式的款待。

地址：東京都港区元赤坂2-1-1

旧竹田宫邸洋馆

GONGDIYANGGUAN JIUZHUTIAN

“旧竹田宫邸洋馆”建成于1911年，是明治天皇的六皇女“常宫昌子内亲王”与“竹田宫恒久王”结婚后的宅邸，落成之时为和馆与洋馆合并的“和洋折衷”样式，目前现存的只有洋馆。由皇室建筑师片山东熊、木子幸三郎、渡边让担任设计，模仿了凡尔赛宫的迎宾馆，融入了法国文艺复兴时期的新巴洛克建筑风格。“二战”后，旧宫家们纷纷脱离皇籍，于是宅邸便由西武集团购入并改建为“王子大饭店”，作为饭店的结婚式会场使用。

地址：東京都港区高輪 3-13-1

高轮消防署
二本榎出张所

GAOLÜNXIAOFANGSHU
ERBENJIACHUZHANGSUO

“高轮消防署二本榎出张所”建于1933年，是东京都现役消防厅中最古老的消防署出张所。建筑外观采用圆角设计，像灯塔一样带展望台。内部圆形讲堂的屋顶有八根圆弧状的梁柱与窗户，成为“德国表现主义”设计风格的代表作之一。楼内现在是高轮消防署的办公室，三楼作为展示室，陈列着江户时代的消防车、泵车、化学车、补给车等消防器具。

地址：東京都港区高輪 2-6-17

ニッサン180型
昭和16年配置
(1941年)

高輪消防署二本榎出張所

高輪防災祈願御輿

旧新桥停车场

TINGCHECHANG JIUXINQIAO

“旧新桥停车场”是一座具有重要历史意义的建筑。1872 年，在大名屋敷的敷地上建成新桥停车场，开通了新桥至横滨的日本第一条铁道，成为当时东京与外国交流的玄关口。2003 年，在当年相同的位置，再现了昔日开业时新桥火车站两层砖造洋楼的外观。在展馆内有发掘出的旧新桥停车场站台石堆、基础构造，还有从江户时代与明治时代遗留下来的各式器物，包括外国人使用过的西洋陶瓷器、检票口剪刀和工具类金属制品等，以及旧新桥火车站的铁轨遗迹。

地址：東京都港区東新橋 1-5-3

鉄道歴史展示室

东京塔

DONGJINGTA

“东京塔”于 1958 年竣工，外观以法国巴黎的埃菲尔铁塔为范本建造，高度约为 333 米，比埃菲尔铁塔高约 9 米，落成时是世界最高的独立塔。东京塔分为三部分。铁塔正下方建有四层的铁塔楼，除设置了通往展望台的出入口外，还设有水族馆、咖啡馆、餐厅和各种纪念品商店。大瞭望台位于 150 米以上，可欣赏到东京市景，并设有“俯视”窗口。顶层瞭望台耸立于 250 米的上空，可将东京市的全景尽收眼底。

地址：東京都港区芝公園 4-2-8

未来

国际文化会馆

HUIGUAN
GUOJIWENHUA

“国际文化会馆”建于 1955 年，是由前川国男、坂仓准三、吉村顺三 3 位建筑大师共同设计，被誉为日本现代主义建筑的杰作。建筑物深处延伸的日本庭园，是京都造园家小川治兵卫建造的近代庭园杰作之一。池塘边突出的钓殿风建筑采用了平安时代的画卷风设计样式，整个建筑与庭院和谐呼应。会馆由住宿、会议设施、餐厅、图书室等构成。该建筑已被指定为日本有形文化遗产。

地址：東京都港区六本木 5-11-16

旧国立公众卫生院大楼

WEISHENGYUAN DALOU
JIUGUOLI GONGZHONG

“旧国立公众卫生院大楼”由东京大学建筑学科教授内田祥三设计，于1938年建成。整栋建筑为钢筋混凝土结构，地上六层，地下一层。这种被条纹面砖覆盖的哥特式外观，被称为“内田哥特”。该建筑与伫立在隔壁的东京大学医科学院研究所遥相呼应，两者为“一对”。大楼内部有中央大厅、旧讲堂、旧院长室、教室、图书馆和研究室等。

地址：東京都港区白金台 4-6-1

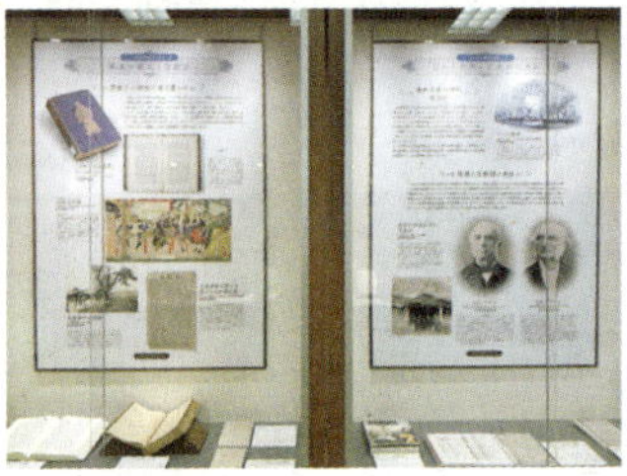

明治学院纪念馆

MINGZHIXUEYUAN JINIANGUAN

“明治学院纪念馆”曾是明治学院神学院校舍兼图书室，于1890年竣工，由美国传教士亨利·莫尔·兰迪斯设计，赤炼瓦的哥特式建筑是19世纪中后期最流行的建筑样式之一，后经多次修建保存至今。现在一楼设置了“明治学院历史资料馆”，馆藏了许多明治学院创建初期的史料与创办人赫本的生平介绍。

地址：東京都港区白金台 1-2-37

因布里馆

YINBULIGUAN

“因布里馆”建于1889年，是在明治学院开校之际，为担任教师的传教士建造的四栋宿舍楼之一，采用了美国木造建筑样式。由于是传教士威廉因布里所住的宿舍，因而被称为“因布里馆”，是东京都内现存最古老的传教士馆。

地址：東京都港区白金台 1-2-37

庆应义塾大学图书馆旧馆

TUSHUGUANJIUGUAN QINGYINGYISHUDAXUE

“庆应义塾大学图书馆旧馆”于1912年竣工。该馆为八角塔式结构两层建筑，部分为三层，红砖和花岗岩使其外观格外华丽。玄关大厅正面楼梯上的彩色玻璃、右手的女神和左手的铠甲武者分别象征着西欧文明和日本文化。在彩色玻璃的最下方用拉丁语写着“笔比剑更强”，代表了不屈服于权力的庆应义塾精神。该建筑已被指定为日本重要文化遗产。

地址：東京都港区三田2-15-45

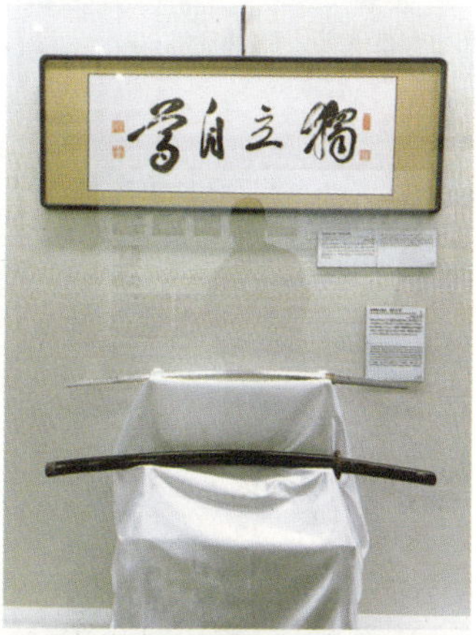
獨立自尊

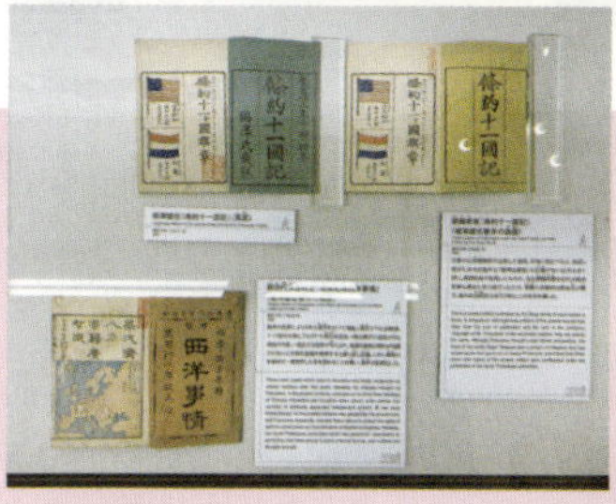

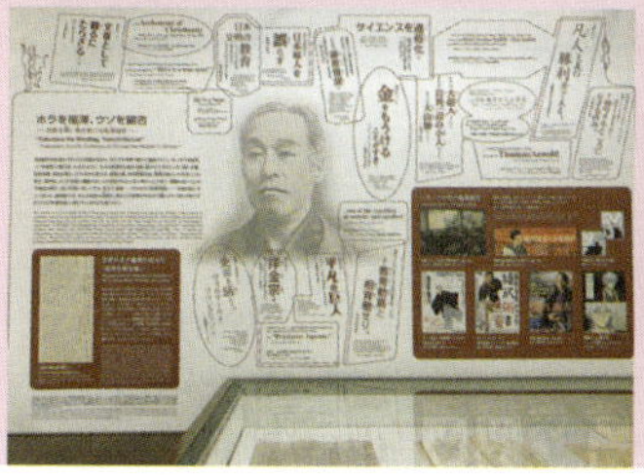

三田演说馆

SANTIAN YANSHUOGUAN

“三田演说馆”是庆应义塾大学的标志性建筑之一。该建筑以富田铁之助从美国订购的图纸为基础建造，虽然外观采用西式风格，但内部结构使用了许多日本独特的建筑手法，如木造寄栋瓦葺、海参墙等。演说馆采用双层礼堂形式，可容纳 400 ~ 500 位听众。现已被指定为日本重要文化遗产。

地址：東京都港区三田 2-15-45

毛利庭园

MAOLITINGYUAN

“毛利庭园”至今保留着江户时代领主宅邸遗迹。园内有效利用了山谷的地形，采用阶梯式结构，以池塘为中心，排列着瀑布、溪流，以及樱花、银杏等树木，展现了四季多变的植物和流水潺潺的空间设计，表现出季节更替的美景与周围现代建筑共存的城市景观。

地址：東京都港区六本木 6-10-1

桧町公园

GUITINGGONGYUAN

“桧町公园”因其独特的地理位置和精心设计的景观而成为城市中的一处静谧绿洲。这个公园过去是长州藩毛利家位于麻布的别墅“桧屋敷”的庭园，名为“清水亭”，从这里可以俯瞰江户的街景。公园保留了传统的日式风格，拥有小溪、池塘、长椅和多种植物，营造出一种宁静和自然的氛围。

地址：東京都港区赤坂 9-7-9

芝公园

ZHIGONGYUAN

“芝公园”最初是增上寺的寺内绿地，于 1873 年成为都立公园。公园内有许多古老的树木，以及樱花、梅花和枫树等其他植物，建有棒球场、餐厅和图书馆等设施。园内一角保存着江户幕府第二代将军德川秀忠灵庙的“旧台德院灵庙惣门”。公园西端是眺望东京塔的绝佳地点，特别是在春季，樱花盛开时，景色尤为美丽。

地址：東京都港区芝公園 4-8-4

国立科学博物馆附属自然教育园

GUOLIKEXUEBOWUGUAN FUSHUZIRANJIAOYUYUAN

“国立科学博物馆附属自然教育园”是为数不多保留着自然风貌的绿地之一，也是少数拥有森林的植物园。江户时代这里曾是高松藩主的下屋敷，大正时代是皇室内务府的“白金御料地”。1949 年，整个区域被指定为自然纪念物和历史遗迹，并向公众开放。公园占地约 20 公顷，植物种类丰富，还拥有池塘和溪流。这里栖息着 1080 种植物、2100 种昆虫和 130 种鸟类。

地址：東京都港区白金台 5-21-5

ひがんばな

やぶみょうが
つゆくさ科

水生植物園

旧芝离宫恩赐庭园

ENCITINGYUAN JIUZHILIGONG

“旧芝离宫恩赐庭园”建于 1678 年，历时 8 年建成，最初名为“乐寿园”，是留存至今最古老的大名庭园之一，于 1924 年对外开放。该庭园以其典型的回游式泉水庭园布局而闻名，展现了日本园林艺术的精髓。庭园的中心景观是一个面积约为 9000 平方米的广阔池塘，池塘中错落有致地布置有中岛和浮岛，增添了庭园的层次感和美感。1979 年被指定为日本国家名胜。

地址：東京都港区海岸 1-4-1

台场海滨公园

HAIBINGONGYUAN
TAICHANG

“台场海滨公园”是东京湾边缘一个人造海滨公园，过去这里曾是贮木场，经过多年的整备和改造，于 1975 年建成。园内有约 800 米长的人工沙滩、观景台和划船设施，可以看到东京湾彩虹大桥、海滩边陈旧的铁锚和旧防波堤。安置在公园内的自由女神像，是 1998 年 4 月纪念“日本法国年”的青铜复制像，高度约 11 米，重约 9 吨。

地址：東京都港区台場 1-4 番地

新高轮日本庭园

RIBENTINGYUAN XINGAOLUN

“新高轮日本庭园”于1971年随着新高轮格兰王子大饭店的建设而建成，由造园家楠冈悌二设计。在约2万平方米的庭园内，除了四季的花草树木和池塘，还散布着以观音堂、钟楼、山门为首的历史遗迹，以及村野藤吾设计的茶室“惠庵”。庭园内还保留了江户时代德川将军家灵庙移筑的青铜灯笼以及中国乾隆时期的狛犬，代表高轮花香路房间名由的16种花草，以及230棵樱花树和鲤鱼池。

地址：東京都港区高輪 3-13-1

六本木新城

XINCHNEG LIUBENMU

“六本木新城”是日本规模最大的都市再开发项目之一，于2003年开业。这个项目历经17年完成，总建筑面积达到78万平方米，是集办公、住宅、商业设施、文化设施、酒店、豪华影院和广播中心于一体的综合设施，具有居住、工作、游玩、休憩、学习和创造等多项功能。其中最瞩目的主体建筑森大厦，是一栋地上五十四层、地下六层的超大建筑。

地址：東京都港区六本木6-10-1

东京中城

DONGJING ZHONGCHENG

“东京中城”是近年来东京都再开发计划中规模最大的项目之一，于 2007 年建成投入使用。东京中城的核心建筑中城大厦是一座地下五层、地上五十四层的摩天大楼，高度为 248 米，是东京都内最高的建筑物之一。这里汇集了酒店、住宅、办公室、商业与文化空间、医院、公园等多种设施。此外，东京中城内还设有东京丽嘉酒店和三得利美术馆等设施，是东京商业和文化创意的发源地之一。

地址：東京都港区赤坂 9-7-1

麻布台新城

MABUTAIXINCHENG

“麻布台新城”是东京都一项大规模城市重新开发项目，经过与大约 300 名土地所有者进行长达 30 年的艰难谈判后，于 2023 年 11 月 24 日迎来了盛大开业。该项目占地 8.1 万平方米，包括森 JP 塔、住宅 A 和 B 以及四座低楼建筑花园广场，其中森 JP 塔的高度达到了 330 米，共六十四层，成为日本新的第一高楼。这个项目不仅包括商业设施、办公楼和酒店，还提供了约 1400 套住宅，是一个集休闲、购物、美食于一体的综合场所。

地址：東京都港区麻布台 1-3-1

台场

TAICHANG

“台场”位于东京湾的人造陆地上，是东京最新的娱乐场所集中地。1853 年，美国人佩里率船队来到日本，由于防卫上的紧急需要，匆忙赶制了海上炮台设置在此御敌，从此这里便被称为台场。台场又被人们称为临海副都心，距东京都中心只有 6 千米。随着众多大型企业总部迁入台场，大量娱乐设施建成，这里已成为最受欢迎的旅游地之一。

地址：東京都港区台場 1 丁目和台場 2 丁目

富士电视台总部大楼

ZONGBUDALOU FUSHIDIANSHITAI

“富士电视台总部大楼”是台场最具代表性的建筑之一。由著名建筑师丹下健三（1913—2005）设计，于 1996 年完工并投入使用。大楼高 123.45 米，地上二十五层、地下两层，原色铝板覆盖的大楼外表呈现出现代建筑特有的科技味道。造型上最大的特殊之处，是在大楼二十五层设置的直径 32 米、重逾 1200 吨，以钛合金材质制造的超巨大球型瞭望室。在圆形观景室可一览东京湾景色，彩虹大桥、东京塔等尽收眼底。

地址：東京都港区台場 2-4-8

フジテレビショップ

フジテレビショップ

超梦幻水族馆乐园

SHUIZUGUANLEYUAN
CHAOMENGHUAN

“超梦幻水族馆乐园”位于品川王子大饭店内，是一个将水族馆与游乐设施结合的场所，可以欣赏到各种精彩表演，包括由音乐和灯光交织呈现的“水母优游区”；长度约为 20 米的海中隧道“神奇通道”；还有世界上唯一展示昆士兰锯鳐和多种蝠鲼悠然地在水中游泳的场景；更有使用先进科技的“The Stadium”圆形水槽，360° 都能观赏到精彩的海豚秀。

地址：東京都港区高輪 4-10-30 品川プリンスホテル内

增上寺

ZENGSHANGSI

“增上寺”正式名称为三缘山广度院增上寺，始建于 1393 年，是日本净土宗镇西派七个大本山之一，同时也是江户幕府德川家的灵庙，因此具有重要的历史地位。在德川幕府十五代将军中，有六位安葬于此。入口大门是江户时代的标志性建筑，外面涂有红漆称为“三解脱门”，可追溯到 1622 年，上层有释迦牟尼像。门口钟楼堂的大钟重达 15 吨，始建于 1673 年，为江户时代三大名钟之一，每天敲响两次。

地址：東京都港区芝公園 4-7-35

瑞圣寺

RUISHENGSI

“瑞圣寺”始建于 1670 年，是江户时代由隐元和尚从中国带至日本的禅宗宗派黄檗宗的重要寺庙，其中的大雄宝殿是日本国宝级建筑。2020 年，时值瑞圣寺创建 350 周年，该寺邀请了建筑师隈研吾对寺院进行改造，在南侧设计了一个 U 形回廊，与寺庙的主轴线对齐。庭园中央是一个水池，在水池中有一个舞台，方便人们在这里举办寺庙活动。建筑采用木质结构搭配现代钢材作为支撑，外部的木质托梁和百叶窗相互呼应，既保留了寺庙强调深度和对称的布局特点，又体现了黄檗宗的几何学美学。

地址：東京都港区白金台 3-21-19

爱宕神社

AIDANGSHENSHE

“爱宕神社”位于港区海拔 260 米的山顶之上，建于 1901 年。参拜者需要爬 100 级以上的阶梯才能到达。神社入口的石阶参道被称作“出世石阶”。这段石阶的历史可以追溯到第三代将军德川家光时期，当时他被山顶栽种的源平梅所散发的浓郁香气吸引，驻足仰望山顶。这个传说为神社增添了许多神秘色彩。神社内供奉着多位神明，不少上班族来这里参拜，祈愿驱邪消灾、学业有成、全家平安、生意兴隆等。

地址：東京都港区愛宕 1-5-3

高轮教会礼拜堂

LIBAITANG GAOLUN JIAOHUI

“高轮教会”是隶属于日本基督教团的新教教会，创立于1882年。“高轮教会礼拜堂”建于1933年，是日本最早的莱特式建筑风格的教会，由近代日本建筑师冈见健彦（1898—1972）设计。冈见健彦是东京“帝国饭店”的美国建筑师“法兰克·洛伊·莱特”的门生，受到莱特的诸多启发，作品大多带有莱特的风格。莱特被誉为近代最伟大的建筑师之一，其崇尚自然的有机建筑风格，被称为“莱特式建筑”。高轮教会礼拜堂于2004年入选“东京百大建筑”。

地址：東京都港区高輪 5-15-15

4 新宿区

民音音乐博物馆

BOWUGUAN MINYIN YINYUE

“民音音乐博物馆”于 1974 年开馆。在常设展区，公开了历史悠久的大键琴、古钢琴和钢琴，其中大部分在演示中可以听到乐器的声音。博物馆展出了 18 世纪制造的音乐盒、留声机和来自世界各地的民间乐器。在主楼内的图书馆，藏有 12 万份录音资料、4 万多张乐谱、3 万本音乐书籍可供阅览和借阅。可以免费欣赏在特定时间举行的八音盒表演，以及使用大键琴等古老乐器演奏的音乐会。

地址：東京都新宿区信濃町 8 番地

消防博物馆

BOWUGUAN XIAOFANG

“消防博物馆”于 1992 年开馆。通过实物、模型、视频等，对从江户消防员开始的消防历史以及现代消防活动的结构进行说明和展示。主要展品包括直到 1988 年为止使用的消防直升机“Kamome”，一直使用到 1982 年的消防直升机“Chidori”，明治时代的马拉蒸汽泵等。历代消防车包括 1983 年至 2000 年投入使用的依维柯麦吉尔梯车、奔驰 mets 梯车、五十铃 mets 梯车、福克斯消防泵车、马克西姆消防泵车。历代救护车包括 1988 年至 1996 年服役的丰田救护车。

地址：東京都新宿区四谷 3-10

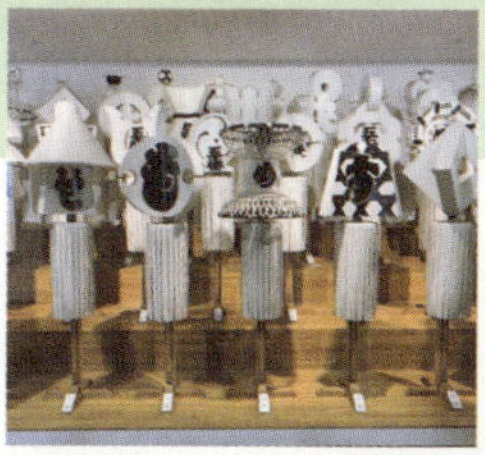

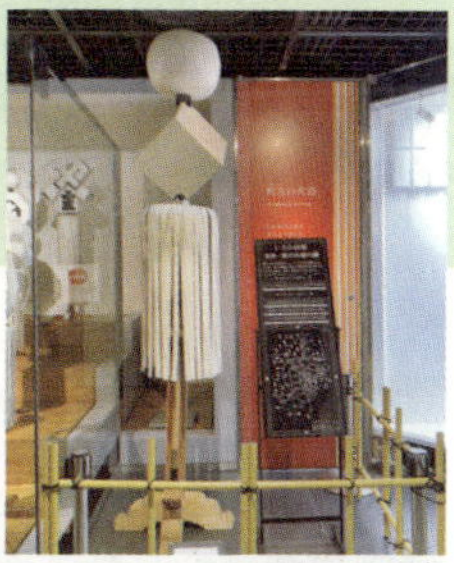

新宿历史博物馆

XINSU LISHI BOWUGUAN

“新宿历史博物馆”于1989年开馆，馆内有讲堂、阅览室和休息庭园。常设展览分为5个区域，展示了从旧石器时代到昭和初期的历史变迁。馆内有内藤新宿复原模型，生动地再现了当时的城市风貌；还有江户时代的商家复原场景，让人感受到那个时代的商业氛围；昭和初期的住宅复原房屋呈现了当时人们的居住环境；此外，还有和营电车复制品等。2014年，馆内开设了“漱石文库”，收藏了新宿出身的作家夏目漱石的著作和相关书籍。

地址：東京都新宿区四谷三栄町 12-16

5001

昭和30年代

漱石山房纪念馆

SHUSHISHANFANG JINIANGUAN

“漱石山房纪念馆”于2017年开馆。夏目漱石（1867—1916）被称为“国民大作家”。他对东西方文化均有很高造诣，既是英文学者，又精擅俳句、汉诗和书法。1984年，他的头像被印在1000日元的纸币上。纪念馆内重现了夏目漱石的书房，真实再现了当年的工作环境。展示了夏目漱石的衣物、亲笔手稿、书信以及《漱石全集》等珍贵资料。

地址：東京都新宿区早稲田南町7

新宿区立 漱石山房記念館

宫城道雄纪念馆

GONGCHENGDAOXIONG JINIANGUAN

“宫城道雄纪念馆”是为了纪念著名的音乐家宫城道雄而设立的。宫城道雄（1894—1956）七岁时双目失明，是日本传统音乐“乐圣”式的人物，也是世界杰出的民族音乐家。他的作品包括《水之变态》《春之海》等。馆内通过 CD、DVD 等资料，展示了他的生平与作品，很多藏品已被指定为日本有形文化遗产。

地址：東京都新宿区中町 35 番地

草间弥生美术馆

MEISHUGUAN CAOJIANMISHENG

“草间弥生美术馆”于 2017 年开馆。美术馆共有五层，其中二、三层主要陈列草间弥生的绘画和雕塑作品，四层展出“无限镜屋”等装置作品，五层存放与草间弥生及其作品相关的资料。美术馆的露天展台，长期陈列草间弥生的雕塑作品“南瓜”。草间弥生是全球知名的波点艺术代表人物，她的作品以大面积重复的圆点和无限延伸的图案为特点，表现了生命力和能量。

地址：東京都新宿区弁天町 107

圣德纪念绘画馆

SHENGDE JINIAN HUIHUAGUAN

“圣德纪念绘画馆”建于1919年，于1926年竣工。馆内依照年代顺序展示了80幅壁画，前半部为40幅日本画，后半部为40幅西洋画，这些画作生动地记录了从幕府末期到明治时代的历史事件和人物，描绘了明治天皇和昭宪皇太后的事迹。馆内的壁画均由一流画家创作，每一幅都是国宝级别，具有极高的艺术价值和历史价值。艺廊分为两大区域，东侧展示日本画，西侧展示以油画为核心的西洋画。

地址：東京都新宿区霞ヶ丘町1-1

絵画館

SOMPO 美术馆

MEISHUGUAN SOMPO

“SOMPO 美术馆”是亚洲唯一收藏凡·高“向日葵”系列作品的美术馆。馆内藏品以 19 世纪至今的绘画作品为核心，现有藏品约 630 件，重要馆藏包括《望乡》《超现实派的散步》等 240 幅日本西洋画家东乡青儿的作品，以及东山魁夷的《潮音》、奥村土牛的《牵牛花》、雷诺阿的《浴女》、塞尚的《苹果与餐巾》等。SOMPO 美术馆的前身为“东乡青儿美术馆”，创立于 1976 年，2020 年迁至新馆后更名为 SOMPO 美术馆。

地址：東京都新宿区西新宿 1-26-1

FACE展 2024

FACE
2024
FACE展 2024

东京都厅舍

DUDINGSHE DONGJING

“东京都厅舍”是东京都政府的总部大楼，于 1991 年 3 月正式启用，由建筑师丹下健三（1913—2005）设计，灵感来源于哥特式建筑“巴黎圣母院”，象征着“普通市民可随意进出”。东京都厅舍由三大部分组成，第一本厅大厦高 243 米，包括地上四十八层和地下三层。第二本厅大厦高 163 米，包括地上三十四层和地下三层。第三幢建筑高七层，是东京都议会开会的场所。观景台位于每座塔楼的第四十五层，提供了在 200 米高处俯瞰东京都的绝佳视角。

地址：東京都新宿区西新宿 2-8-1

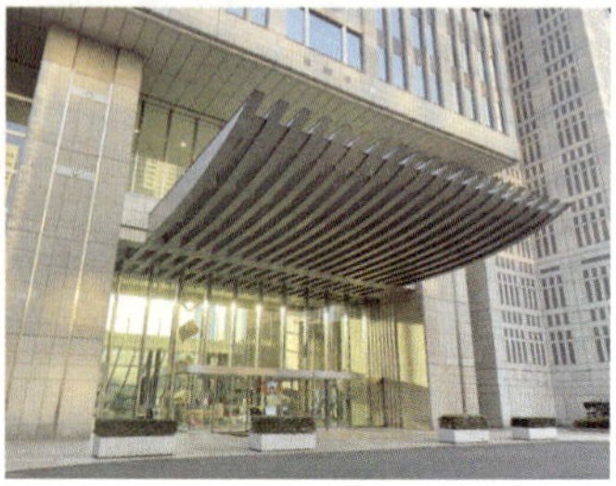

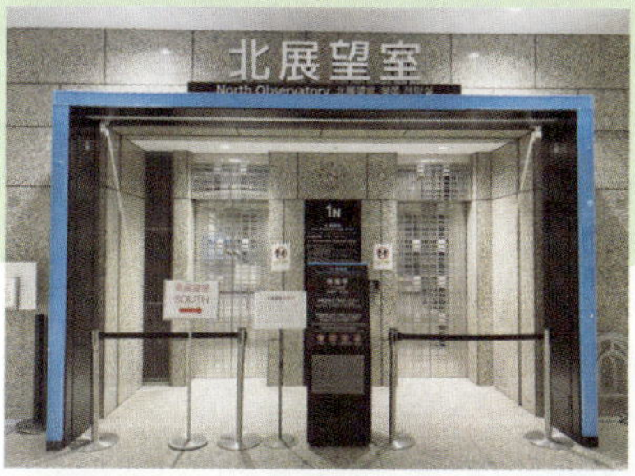
北展望室
North Observatory

小笠原伯爵邸

XIAOLIYUAN BOJUEDI

“小笠原伯爵邸”是一栋西班牙风格的洋馆，建于1927年，曾是小仓藩主小笠原长干伯爵的府邸。该建筑为地上两层、地下一层的钢筋混凝土结构，采用了当时流行的西班牙风格。从设计成葡萄棚架的玄关屋顶、为宅邸引入光线的中庭，到鲜艳的瓷砖装饰，处处散发着高雅华丽的气息。2002年作为举行婚礼和西班牙餐厅使用至今。

地址：東京都新宿区河田町 10-10

早稻田大学国际文学馆

GUOJI WENXUEGUAN ZAODAOTIAN DAXUE

“早稻田大学国际文学馆”由校内的“4号馆”翻新而成，以日本文豪村上春树的文学研究为中心，于2021年开馆。文学馆为地上五层，地下一层，由建筑师隈研吾设计。入口处的“木之隧道”非常引人注目。馆内收藏着作为早稻田大学毕业生村上春树的赠书、手稿、书评、黑胶唱片等珍贵藏品。地下一层是以村上书房为原型设计的“村上书斋”。

地址：東京都新宿区西早稲田 1-6-1，4 号館

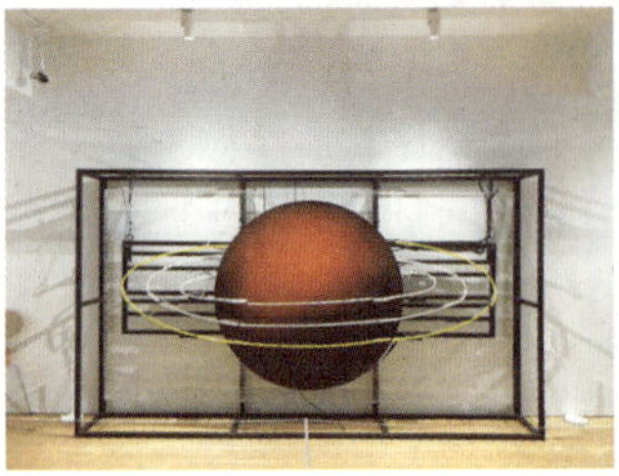

坪内博士纪念演剧博物馆

YANJU BOWUGUAN
PINGNEI BOSHI JINIAN

“坪内博士纪念演剧博物馆”位于早稻田大学校内，于1928年创立。坪内逍遥博士（1859—1935）是著名的小说家、剧作家和翻译家，一生致力于日本戏剧的研究和翻译工作，被誉为“日本戏剧之父”。他翻译的作品《莎士比亚全集》等，对日本近代戏剧的发展有着深远的影响。馆内展示了坪内博士的生平和作品，收藏了大量与戏剧有关的资料和道具。

地址：東京都新宿区西早稲田 1-6-1

博物馆 会津八一纪念

BOWUGUAN
HUIJINBAYIJINIAN

“会津八一纪念博物馆”位于早稻田大学校园内，于 1998 年为纪念早稻田大学艺术史奠基人、著名诗人、美术史家会津八一（1881—1956）而建立。馆内收藏了丰富的艺术作品，包括古代中国和日本的艺术作品 4000 件，当代日本绘画与书法作品 200 件，阿伊努人服饰 300 件，以及各类考古材料 1 万多件。这些收藏反映了会津八一先生对早稻田大学及日本文化的重要贡献。

地址：東京都新宿区西早稲田 1-6-1

新宿御苑

XINSU YUYUAN

“新宿御苑”最初为1590年德川家康进入江户城时授予家臣内藤清成住宅土地的一部分。1906年，御苑成为明治政府的皇家园林。1949年正式对公众开放。新宿御苑实际上是三园合一，集英国风景式庭园、法国式整形庭园、日本庭园于一体。利用原来的山谷地形作为池塘，有东西相连的“上之池”“中之池”“下之池”，并设有新宿门、大木户门和千驮谷门三处出入口。其中，旧新宿门卫所和旧大木户门卫所是昭和时期的建筑物。

地址：東京都新宿区内藤町11番地

新宿御苑·英国风景式庭园

TINGYUAN YINGGUO FENGJINGSHI

“英国风景式庭园”有着广阔的开放式草坪。1900年，法国凡尔赛国立园艺学校教授亨利·马丁内受邀对御苑进行改造。在马丁内完成的庭园设计图中，进入正门的是文艺复兴样式的两层宫殿，虽然宫殿的建设没有实现，但现在玫瑰花坛前面保留了宽阔的空间，成为可以展开的风景式庭园。园内以百合树、雪松和其他大树散布在周边开阔的草坪为特征，多曲线、平缓而起伏，像自然风景一样。

地址：東京都新宿区内藤町 11 番地

新宿御苑·法国式整形庭园

TINGYUAN FAGUOSHI ZHENGXING

“法国式整形庭园”是19世纪和20世纪初日本皇室重视欧洲标准艺术和上位文化的地方。庭园两侧摆放着设计成4列左右对称的约160棵梧桐树，中央的花坛放置着110种约500株充满特色的玫瑰。庭园内繁花锦簇，尤其是玫瑰盛开之际，更增添了法式园林的优雅与浪漫。

地址：東京都新宿区内藤町11番地

新宿御苑·日本庭园

RIBEN TINGYUAN

“日本庭园”保留了新宿御苑最初的原貌景观，以玉藻池为中心，周围密集种植了大量树木以形成合围的景观。湖中设置桥栅、石灯、岛屿等，展现了日式园林的静谧与和谐。日本庭园极力展现自然之美，一花一木都追求最自然的呈现。

地址：東京都新宿区内藤町 11 番地

都立户山公园

DULIHUSHANGONGYUAN

“都立户山公园”是一个充满自然美景与历史底蕴的都立公园，于1954年开园。公园所在地曾是尾张德川家的宅邸——“户山山庄”。在回游式庭园中拥有二十五景，是与小石川后乐园并列的名园。整个园区包括大久保地区和箱根山地区。箱根山虽然标高仅有44.6米，但却是山手线沿线范围内的最高山峰，登上山顶不仅可以欣赏园内风景，还可以眺望新宿的摩天楼群。此外，箱根山周围还种植了许多染井吉野樱，到了春天便成为人潮不断的赏樱景点。

地址：東京都新宿区大久保 3-5-1

東京2020
スポーツ百景

国立竞技场

JINGJICHENG GUOLI

“国立竞技场”是2020年东京奥运会及残奥会的主会场。该工程历时3年，于2019年11月30日竣工。由建筑师隈研吾设计，其理念是“木与绿色的体育场”。建筑外墙使用了来自日本47个都道府县收集的杉木和落叶松搭建。场地可容纳6万名观众，场外种植了4.7万株植物。观众席没有空调设备，而是利用镂空设计和多种送风方式来降低体感温度，是一个兼顾环境与通用性的新时代体育场。

地址：東京都新宿区霞ケ丘町10-1

A

B

东京歌剧城

DONGJING GEJUCHENG

“东京歌剧城”于 1996 年建成，由“新国立剧场”和“东京歌剧城塔大厦”组成。五十四层的歌剧城大厦内有近江乐堂、艺术长廊、音乐大厅等文化设施。歌剧城音乐厅拥有 1632 个观众座席，采用鞋盒式设计，拥有三层环绕座席和金字塔形的高大屋顶。除了奢华的视觉效果，还具有极佳的声学效果。此外，东京歌剧城还有超市、服装店、书店、咖啡馆、餐厅、银行等商业设施。

地址：東京都新宿区西新宿 3-20-2

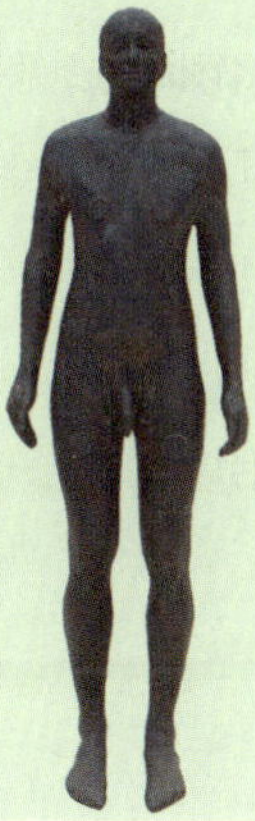

末广亭

MOGUANGTING

“末广亭”创业于 1897 年，是以落语为中心，演绎相声、讲谈、俗曲等传统曲艺的场所。1946 年重建的初代席亭，是东京落语场馆中唯一的全木制建筑，也是日本国宝级建筑。落语是日本非常具有代表性的一种古典曲艺形式，类似中国的单口相声，但在表现形式上有很多日本艺术独有的特色。末广亭内的观众席和舞台都保持了明治时代的风格，有近三百个观众席位。两边还有榻榻米式座位，观众可以一边欣赏表演，一边享用美食，享受独特的文化体验。

地址：東京都新宿区新宿 3-6-12

末広亭

花园神社

HUAYUAN SHENSHE

“花园神社”创建于1624年到1644年，被认为是“新宿镇座”。神社虽然面积不大，但这里的红色鸟居、祈愿的木绘马和特有的“御守”都很有特色。江户中期的大火烧毁了社殿，神社在重建后设置了剧场，从此和演艺活动结下不解之缘，吸引许多从事音乐、舞蹈、戏剧等的表演艺术工作者前往参拜。

地址：東京都新宿区新宿5-17-3

5 涩谷区

古贺政男音乐博物馆

YINYUE BOWUGUAN GUHE ZHENGNAN

“古贺政男音乐博物馆”是一个充满怀旧感的音乐博物馆。古贺政男（1904—1978）是日本昭和时期的作曲家、吉他演奏家，他创作的歌曲被称为“古贺旋律”，至今仍被传唱。馆内对古贺政男生平进行了回顾，再现了他曾经居住的卧室、客厅和书房，以及令人怀念的唱片、原谱和许多照片。

地址：東京都渋谷区上原 3-6-12

作曲活動の場
WHERE HE COMPOSED・STUDY ROOM

山种美术馆

MEISHUGUAN
SHANZHONG

“山种美术馆”是日本第一家专门收藏日本画的美术馆，由山种证券创始人山崎种二创立于 1966 年。展馆入口处长期陈列着日本画家加山又造的陶板壁画《千羽鹤》。馆内核心藏品为近现代日本画，约 1800 件。其中包括江户时代岩佐又兵卫的《官女观菊图》、琳派画家酒井抱一的《秋草鹑图》、近代画家竹内栖凤的《斑猫》等。

地址：東京都渋谷区広尾 3-12-36

山種美術館

日本画に挑んだ
精鋭たち

山種美術館

太田纪念美术馆

MEISHUGUAN
TAITIAN JINIAN

“太田纪念美术馆”建于1980年，是实业家太田清藏（1893—1977）的私人美术馆，也是日本浮世绘三大藏馆之一。馆内现有藏品约1.4万件，包括1万件浮世绘版画、约500件用毛笔墨绘的浮世绘等。重要藏品有喜多川歌麿的《美人读玉章图》、葛饰北斋的《雨中虎》、歌川国芳的《通俗水浒传豪杰百八人物图·混江龙李俊》等。

地址：東京都渋谷区神宫前 1-10-10

松涛美术馆

SONGTAO MEISHUGUAN

“松涛美术馆”建于 1981 年，因独特的建筑风格而被人们熟知。该馆由建筑师白井晟一（1905—1983）设计，建筑总体共四层，为地下两层和地上两层。由红色的花岗岩外墙、青铜制的框架和垂木、铜板茅草屋顶构成。馆内以一座天桥连接各个楼层，阳光从天顶洒落，为展厅提供充足的自然光源。馆内定期举办多种类型的展览活动，包括浮世绘、古埃及艺术等。

地址：東京都渋谷区松濤 2-14-14

2F
1F

和多利美术馆

HEDUOLI MEISHUGUAN

“和多利美术馆”是介绍活跃在国际上的当代艺术家作品的美术馆，于 1990 年开馆。由瑞士建筑师马里奥 · 博塔设计，外观极具现代感。花岗岩和混凝土条纹图案的外墙，像展开翅膀的鸟一样有力，成为这个地区的标志性建筑。美术馆内设有多个展厅，经常举办大师级艺术家的作品展，包括涂鸦艺术和景观艺术家的作品。

地址：東京都渋谷区神宫前 3-7-6

CAFE

旧朝仓家住宅

ZHUZHAI JIUCHAOCANGJIA

“旧朝仓家住宅”由历任东京府议会议长的朝仓虎治郎于 1919 年建造。住宅北侧是主屋，西侧有土墙仓房，东侧则是庭门及车库。主屋为一幢两层结构的木制建筑，内部铺设了榻榻米，房顶采用瓦屋顶，外墙贴有护墙板。院内建有回游式日式庭园，点缀着石灯笼等景观，体现了明治时期至昭和年代大型宅邸的建筑风格。该建筑已被指定为日本重要文化遗产。

地址：東京都渋谷区猿楽町 29-20

青山学院大学贝利馆

QINGSHAN XUEYUAN DAXUE BEILIGUAN

“青山学院大学贝利馆”建于 1931 年，是新哥特式风格的建筑。A.D. 贝利从 1905 年到 1931 年在该校神学部执教，为在关东大地震中倒塌的青山学院校舍重建而募捐，为了表彰他的功绩，将该建筑命名为“贝利馆”。大厅北侧有查尔斯·奥斯卡·米勒夫人捐赠的“纪念礼拜堂”，讲台旁配备的是 1932 年由德国制造、被誉为日本最古老的管风琴。该建筑已被指定为日本有形文化遗产。

地址：東京都渋谷区渋谷 4-4-25

间岛纪念馆 青山学院大学

JIANDAO JINIANGUAN QINGSHAN XUEYUAN DAXUE

“青山学院大学间岛纪念馆”于1929年作为图书馆建成，是具有新文艺复兴风格的古典主义建筑。关东大地震后，当时的校友会会长间岛弟彦提出捐赠资金，最终促成了图书馆的建成。为纪念间岛弟彦为母校做出的贡献，该建筑被命名为“间岛纪念馆”，馆内陈列着青山学院大学的发展历史资料。该建筑已被指定为日本有形文化遗产。

地址：東京都渋谷区渋谷 4-4-25

高彻纪念馆
青山学院大学

GAOCHE JINIANGUAN
QINGSHAN XUEYUAN DAXUE

“青山学院大学高彻纪念馆”建于 2001 年，为哥特式风格建筑。名称是以传教士约翰 · F · 高彻的名字命名。一、二楼设有高彻纪念礼拜堂，三至十三楼是教育、研究设施。三楼大厅装饰着该校毕业生东乡青儿的作品《天使的休息日》。礼拜堂一、二楼共有 692 个座位，除了礼拜，还举办合唱团等音乐会。

地址：東京都渋谷区渋谷 4-4-25

代代木公园

DAIDAIMU GONGYUAN

“代代木公园”占地面积约 134 公顷，是东京最大的公园之一。20 世纪 20 年代之前属于皇室领地，后又作为奥林匹克运动员村使用，1967 年改建为公园。园内设有当时奥运会选手村的练习场跑道。1990 年修建了 3 座喷泉与水回廊景观，种植了近千棵光叶榉树，1.8 万棵樱花树，以及世界各地的植物 30 多种，成为“水与绿”的森林公园。

地址：東京都渋谷区代々木神園町・神南 2 丁目

国立代代木竞技场

GUOLI DAIDAIMU JINGJICHANG

“国立代代木竞技场”由著名建筑师丹下健三（1913—2005）设计，于1964年为举办东京奥运会而建成，在2020年东京奥运会上成为手球比赛场地。这座体育场以其独特的悬索屋顶结构和贝壳状的外观而闻名。体育场分为第一体育馆和第二体育馆。两座建筑均采用高张力缆索为主的悬索屋顶结构，创造出带有灵动感的大型内部空间。2021年被指定为日本重要文化遗产。

地址：東京都渋谷区神南2-1-1

东京体育馆

DONGJING TIYUGUAN

“东京体育馆”最初建于1952年，是作为1964年东京奥运会的体操比赛场馆。1990年，该场馆由建筑师槙文彦主导设计进行了全面改建。场馆于2020年东京奥运会期间承办了乒乓球比赛。考虑到周边公园和住宅区的环境，在设计中降低了地面建筑的高度，从外表看，它就像一艘扁平的巨大飞船，深深嵌入地下。走入内部，圆形穹顶直径达120米，可容纳1万人观看比赛。

地址：東京都渋谷区千駄ヶ谷 1-17-1

東京体育館
メインアリーナ
TOKYO METROPOLITAN GYMNASIUM

東京体育館
TOKYO GYMNASIUM

西W

国立能乐堂

GUOLI NENGYUETANG

“国立能乐堂”建于1983年，是日本专门用于表演能乐的剧场。能乐是日本独有的舞台艺术，佩戴面具的演员以曼妙的身姿和悠扬的歌声演绎深邃的故事。舞台采用400年树龄的丝柏作为板材制造而成，座席围绕着舞台呈扇形配置，即便从侧面观赏也能清晰地看到舞台上的表演。每个座席上都设有字幕装置，在小型液晶画面上选择中文或者英语，方便外国观众观看演出。

地址：東京都渋谷区千駄ケ谷 4-18-1

新国立剧场

XINGUOLIJUCHANG

“新国立剧场”建于1997年，是专注于歌剧、芭蕾、舞蹈和戏剧等表演的国立剧院。拥有歌剧场、中剧场和小剧场，每个剧场都有自己的特色，能够满足不同类型演出的需求。歌剧场，拥有1814个座位，可容纳多达120人的管弦乐队，专门用于歌剧和芭蕾舞剧的演出。中剧场，设有1038个座位。小剧场，包括客席在内的整个地板都是可移动的，能够满足各种舞台表演需求。

地址：東京都渋谷区本町 1-1-1

明治神宫

MINGZHISHENGONG

“明治神宫”是为祭奉明治天皇和昭宪皇后而修建的神社。神宫于 1915 年开始动工，历时五年，1920 年正式启用。神宫占地 70 公顷，建筑风格融合了传统日本神社与现代元素。大鸟居是全日本最大的木制鸟居。神宫内种植了大量树木，形成了茂密的森林景观。这些树木来自日本全国各地，总数超过 17 万棵。在明治神宫，人们可以参加各种祭祀活动，这里还是举行新生儿命名仪式、成人礼、毕业典礼和婚礼等人生重要仪式的场所。

地址：東京都渋谷区代代木神園町 1-1

明治神宫博物馆

BOWUGUAN MINGZHISHENGONG

“明治神宫博物馆”建于2019年，由建筑师隈研吾设计。博物馆建筑风格低矮，大面积的落地玻璃外墙使室内外景色自然交融，仿佛置身于自然之中。馆内展示了丰富的藏品，一楼高耸而宽敞，平日里用于播放介绍明治神宫历史的影片；二楼是宝物展示屋，陈列着许多珍贵的文物，包括意大利画家绘制的明治天皇画像等。

地址：東京都渋谷区代代木神園町 1-1

神宫御苑

SHENGONGYUYUAN

“神宫御苑”是明治神宫内昭宪皇太后特辟的庭园，曾是江户时代大名世家加藤家和井伊家的领地。在明治时代被称为“代代木御苑”。御苑内风光秀丽，拥有南池、隔云亭、钓鱼台、四阿、菖蒲田、清正井等景观。1893 年，御苑内开始种植菖蒲，现存菖蒲约 150 种，每年 5 月中旬，大片菖蒲竞相开放，成为神宫一大景观。

地址：東京都渋谷区代代木神園町 1-1

东京大清真寺

DONGJING DAQINGZHENSI

“东京大清真寺”前身为东京回教学院，1938 年作为俄罗斯鞑靼人的清真寺而成立。后因老化被拆除后，由土耳其政府援助以奥斯曼风格重建，于 2000 年竣工。一楼是展示土耳其美术品，用于讲座的大厅。二楼的礼拜堂最多可容纳 2000 人，有女性用的礼拜室，是日本最大的清真寺。

地址：東京都渋谷区大山町 1-19

原宿教堂

YUANSU JIAOTANG

“原宿教堂”于2005年完工，由建筑师金子文子和来自巴黎的建筑师亨利·盖扬丹（Henri Gueydan）联合设计，外观巧妙运用了清水混凝土营造出石头般朴素敦厚的质感，内部则采用纯白色营造圣洁的印象。教堂内设有6条从墙面延伸到天井的挑高波浪造型，随着日照流转，光影起伏，为礼拜者提供了一个独特的视觉体验，被誉为“光之教堂”。

地址：东京都涩谷区神宫前3-42-1

6 文京区

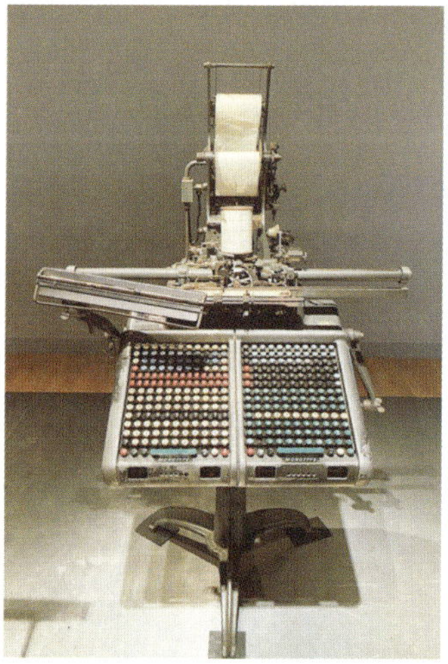
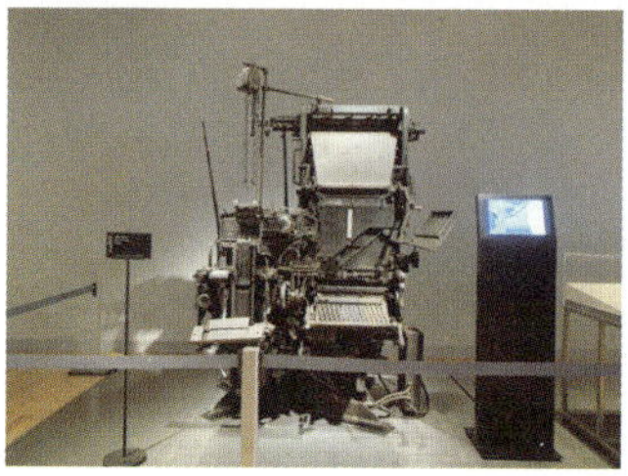

印刷博物馆

YINSHUABOWUGUAN

“印刷博物馆”建于 2000 年。常设展览以“印刷的诞生与发展”为主题，展出了包括绘画、书籍、经卷等在内的 120 件藏品。这些展品跨越了从奈良时期至今的历史，展示了印刷技术的进步和文化的发展。重要藏品包括全球现存最古老的印刷品之一《百万塔陀罗尼经》以及唯一存世的“骏河版铜活字”模具等。此外，博物馆还展示了票据、印章、邮票纸等制作过程，以及防伪技术等。

地址：東京都文京区水道 1-3-3 TOPPAN 小石川本社ビル

手工

法布尔昆虫馆·虫子诗人馆

FUBUER KUNCHONGGUAN CHONGZI SHIRENGUAN

“法布尔昆虫馆·虫子诗人馆”是一个小型博物馆，于 2006 年开馆。建筑物是以眉毛为形象制作的外观，造型非常独特。让·亨利·卡西米尔·法布尔（1823—1915）出生于法国南部，是世界著名的昆虫学家、文学家、博物学家，被世人称为“昆虫界的荷马”，主要作品有《昆虫记》等。馆内不仅有各种昆虫的生态可供观察，还展出了《昆虫记》的作者法布尔的笔记，以及法布尔的出生地和居住房间。展览室共收藏了 10 万件以上的标本。

地址：東京都文京区千駄木 5-46-6

东京都水道历史馆

DONGJINGDU SHUIDAO LISHIGUAN

“东京都水道历史馆”以有趣的互动方式介绍了从江户时代到现在约400年间东京自来水道的历史，于1995年开馆。馆内展品包括水道工程的模型、历史文物、水道设备等，以及江户时代的水道文献、遗迹图片和当时使用的木质水管。还可以看到近代水道系统的演变，净水工厂和铁质水管的使用等。

地址：東京都文京区本郷 2-7-1

東京市水道局
水圧計

森鸥外纪念馆

JINIANGUAN SENOUWAI

“森鸥外纪念馆”于2012年在森鸥外度过了半生的旧居“观潮楼”遗址上建成。森鸥外（1862—1922）是日本明治、大正时期的文学巨匠，他身兼小说家、剧作家、评论家、翻译家等多重身份，一生著作颇丰，他的小说《舞姬》《雁》等，对日本现代文学有着重要影响。馆内展示了森鸥外的生平和他当时所使用的家具用品，收藏了他大量的手稿、信件和遗物，以及他在德国留学时的珍贵资料。

地址：東京都文京区千駄木 1-23-4

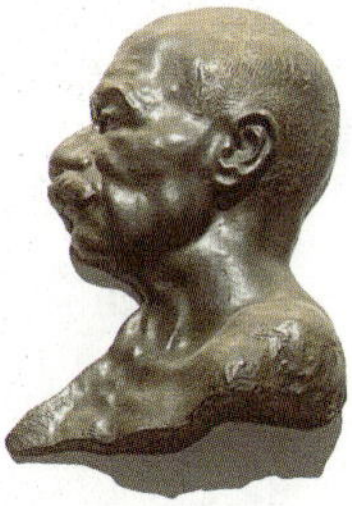

鷗外の
東京の
住まい

鸠山会馆

JIUSHANHUIGUAN

“鸠山会馆”原为日本前首相鸠山一郎（1883—1959）的官邸，建于 1924 年，由建筑师冈田信一郎（1883—1932）设计，是一座充满浓厚历史气息的英式风格建筑。会馆内保留着当时的接待室、客厅、鸠山家历代的爱用品、纪念品等。在玄关上部、接待室、客厅等处多使用彩色玻璃。在楼梯的平台部分，有鸽子在五重塔上飞舞的图案作品，以及许多鸠山一郎的墨迹，如“友爱”等，体现了鸠山家族的政治理念和文化。

地址：東京都文京区音羽 1-7-1

友愛

鸠山会馆庭园

JIUSHAN HUIGUAN TINGYUAN

“鸠山会馆庭园”位于建筑物正面，是修剪整齐的英式庭园。在锦鲤池旁，是鸠山和夫（1856—1911）和春子的夫妇铜像，再往前是曾任日本第 52、53、54 代内阁总理大臣的鸠山一郎纪念像。园内以鸠山一郎喜爱的玫瑰为主，种植有 90 种 160 株玫瑰。在分布于四周的大小花坛里，种满了蔷薇、山茶花、梅花、杜鹃花、橘子、樱花树等，一年四季鲜花盛开。

地址：東京都文京区音羽 1-7-1

鳩山一郎

永青文库

YONGQINGWENKU

“永青文库”是细川家族数代人文化藏品的集中收藏地，于 1950 年由第 16 代当家细川护立（1883—1970）设立。保存着细川家族自 14 世纪以来近 700 年的收藏，包括数万册汉籍和其他艺术品。这些作品涵盖了从江户时代收集而来的“唐绘”到明清画作。此外，还收藏有北魏以来的各类佛像。2018 年 6 月，日本前首相，永青文库细川护熙理事长将馆藏的 36 部 4175 册汉籍无偿赠予中国。

地址：東京都文京区目白台 1-1-1

永青文庫は 熊本ゆかりの美術館
©2010 熊本県くまモン

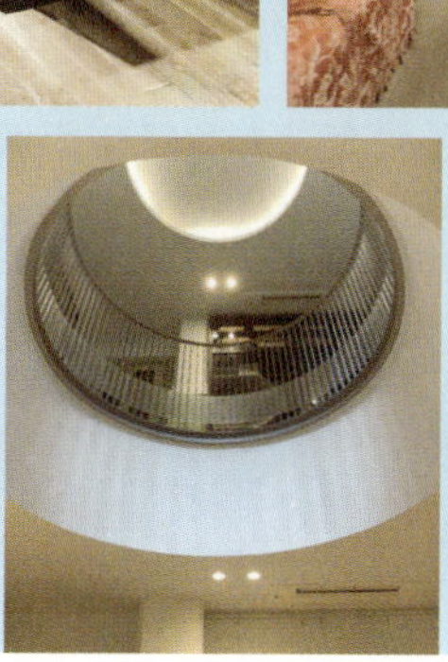

东洋文库

DONGYANG WENKU

“东洋文库”是日本最大的亚洲研究图书馆，成立于 1924 年。文库藏书数量超百万册，包括中国、日本、朝鲜、埃及、印度等国家和西伯利亚、中亚、西亚、东南亚等地区的图书资料。其中还藏有《春秋经传集解》、《史记》、《文选集注》、《毛诗》残卷与《古文尚书》残卷等宝贵的汉籍。1961 年，该文库应联合国教科文组织的要求附设了东亚文化研究中心，使东洋文库在日本学术界享有盛名。

地址：東京都文京区本駒込 2-28-21

弥生美术馆 & 竹久梦二纪念馆

MISHENGMEISHUGUAN & ZHUJIUMENGER JINIANGUAN

“弥生美术馆 & 竹久梦二美术馆”由两幢西式建筑组成，通过走廊连接。弥生美术馆主要展示在昭和初期活跃的插图画家高畠华宵（1888—1966）的作品，包括明治时代末期到“二战”后的插图、漫画、杂志等出版物。竹久梦二（1884—1934）是日本大正时期的浪漫主义艺术家，因其柔美的“美人画”而闻名。馆内藏品丰富，展出了许多美人画、插画、设计作品以及他的诗作，表现了当时社会中的人情与美感。

地址：東京都文京区弥生 2-4-2

旧伊势屋当铺

JIUYISHIWU DANGPU

“旧伊势屋当铺”是1869年创业的旧当铺，为木质单层建筑。1907年改建成现在的木制2层。2015年由迹见学园女子大学获得并向公众开放。建筑物现存有店铺、仓库、住宅，具有江户时代的町屋结构特征。著名女作家樋口一叶从1890年至1893年，在附近居住了3年。由于生活所迫，她经常跑进伊势屋当铺筹集生活费，勉强挽救了全家的穷困生活。

地址：東京都文京区本郷 5-9-4

イセヤ
伊勢屋

開館中

イセヤ
伊勢屋

旧安田楠雄邸

JIUANTIAN NANXIONGDI

“旧安田楠雄邸”由“丰岛园”的创始人、实业家藤田好三郎于 1919 年建造，旧安田财阀安田善次郎的女婿于 1922 年买下这座宅邸并在此居住。宅邸的设计和布局融合了日式与西洋元素，展现了独特的和洋混搭风格。建筑内部保留了当时的生活景象，包括雕刻在柱子上的精致花纹、老式电话机以及精美的隔扇等。庭园里的樱花树更增添了建筑的美感。

地址：東京都文京区千駄木 5-20-18

安田讲堂 东京大学

ANTIAN JIANGTANG DONGJING DAXUE

“安田讲堂”是东京大学的标志性建筑，由安田财团创办人安田善次郎捐赠，于1925年完工，也是建筑师内田祥三（1885—1972）设计的代表作之一。曲线流畅的拱门和石刻方柱的建筑风格，被称为“内田歌德”。该建筑为四层钢筋混凝土建筑，中央阁楼有八层。建筑的背后是一个承袭希腊剧场的扇形空间，可容纳1000名以上的听众。

地址：東京都文京区本郷 7-3-1

怀德馆 东京大学

HUAIDEGUAN DONGJING DAXUE

“怀德馆”是明治后期前田侯爵用来接待天皇的宅邸，1905 年洋馆建成，1907 年和馆竣工。1926 年，洋馆与和馆捐赠给了东京大学，后被大火烧毁。现在的日式建筑是 1951 年重建的。怀德馆仍保留着附属庭园。从南端圆锥形筑山，到瀑布、溪流和池塘，作为江户时代旧藩主建造的庭园遗迹显得尤为珍贵。该庭园已被指定为日本国家名胜。

地址：東京都文京区本郷 7-3-1

旧成濑仁藏住宅

ZHUZHAI JIUCHENGLAIRENZANG

“旧成濑仁藏住宅”于 1901 年作为日本女子大学教师用住宅而建造。担任初代校长的成濑仁藏在此居住到 1919 年去世，是日本女子大学创立时留下的唯一建筑物。住宅为两层木质建筑，保留了和室、会客厅、书房内的原貌。成濑晚年的时候对住宅进行了扩建，建成了和式和西式书斋，从房间的窗户可以眺望校区。

地址：東京都文京区目白台 2-8-1

小石川植物园

XIAOSHICHUAN ZHIWUYUAN

“小石川植物园”是日本近代植物学的发祥地。1684年，第八代将军德川吉宗曾将此园用作药草园。1877年东京大学建校时，将其编为附属植物园，并向民众开放。园内种植有约4000种植物，拥有大约80万件植物标本，是植物学研究和教育的重要场所。此外，还有日式庭园、针叶林等自然景观。在植物标本馆，拥有大约200万册植物学相关书籍。2012年被指定为日本国家名胜和历史遗迹。

地址：東京都文京区後楽 1-6-6

肥后细川庭园

TINGYUAN FEIHOUXICHUAN

“肥后细川庭园”曾是江户时代幕臣的宅邸。之后，经过几次所有者的变更，明治时代成为细川家的本邸。这是一座利用台地自然景观而建的池泉回游式大名庭园。庭园以大池塘为中心，沿着园路散步，可以欣赏到池塘和后面山脉的景色变化，以及以池塘为借景的松声阁景色。沿着园路绕着池塘转一圈，又能回顾最初看到的风景。

地址：東京都文京区目白台 1-1-22

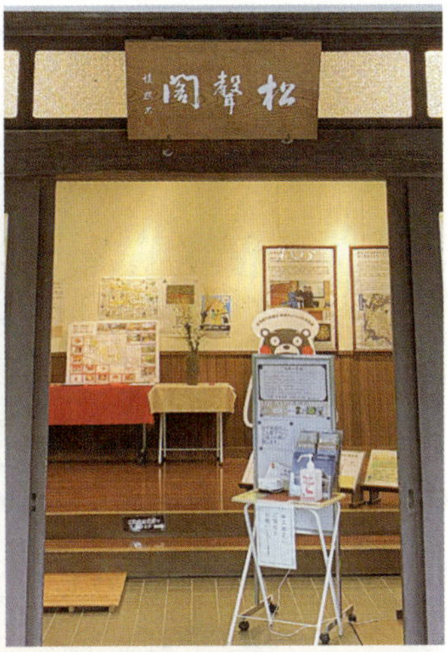

松声阁

SONGSHENGGE

“松声阁”是大正时期旧熊本藩细川家的下屋敷，曾被用作细川家的学问所和住宅。建筑为两层木质结构，在保留历史原貌的基础上进行了修复，于2016年重新开放。走进松声阁，屋顶下是像松树和莲花一样的木雕。玄关推拉门镶嵌着扭曲玻璃，门上方是细川护熙题写的“松声阁”铭牌。从屋内放眼望去，细川大名庭园的美景尽收眼底。

地址：東京都文京区目白台 1-1-22

六义园

LIUYIYUAN

“六义园”建于 1702 年，由江户幕府第五代将军德川纲吉的重臣柳泽吉保规划建造，是一座回游式筑山泉水庭园。设计灵感源自中国的诗六艺，即赋、比、兴、风、雅、颂，故名“六义园”。六义园于 1953 年被指定为日本国家特别名胜。园内共有 88 处名胜景点，现今仅存 32 处。其中包括使用古木材建造的“杜鹃茶屋”；中之岛上表现男女友情的“妹山背山”；大池塘畔的名胜“出潮之港”；以神仙思想为主题的“蓬莱岛”；以及被称作富士见山的“藤代岭”等，都是六义园的美景。

地址：東京都文京区本駒込 6-16-3

小石川后乐园

XIAOSHICHUAN HOULEYUAN

“小石川后乐园”是最初由水户德川家的初代藩主德川赖房兴建，并在第二代藩主德川光国主持下完成的回游式筑山泉水大名庭园。庭园的设计融合了中国的园林艺术，模拟了中国的湖泊、山脉和田园景观，如西湖堤、得仁堂和小庐山等，被称为“洋溢着中国趣味的深山幽谷”。园内种植了 3000 多株植物，包括梅花、樱花、杜鹃等，四季景色各异。该庭园已被指定为日本国家特别史迹及特别名胜。

地址：東京都文京区後楽 1-6-6

特別史跡
特別名勝
小石川後楽園

东京巨蛋

DONGJING JUDAN

“东京巨蛋”是一座多功能体育馆，也是日本职业棒球读卖巨人的专用场地，拥有 5.5 万个座位，于 1988 年建成。蛋型屋顶使用了极具弹性的薄膜，通过控制巨蛋内的气压比外界高 0.3% 来维持其外观形态。屋顶总重量约为400吨，圆顶面积约216平方米。除了棒球比赛之外，还举办篮球与美式足球比赛，以及职业摔角、综合武术和音乐表演等活动。

地址：東京都文京区後楽 1-3-61

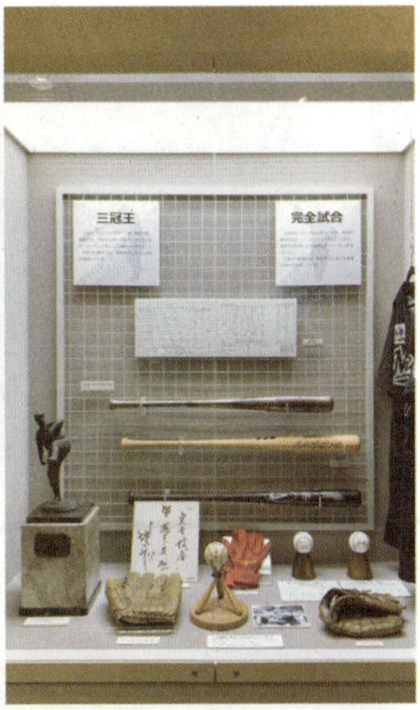

棒球殿堂博物馆

BANGQIUDIANTANG BOWUGUAN

“棒球殿堂博物馆”又称棒球名人堂，成立于1959年。已有207名对棒球有杰出贡献的人物入选名人堂。其中“职业棒球”区域重点介绍了日本12支职业棒球队，展出各队主力选手的球衣、球棒、手套等物品100件。中心展柜陈列有王贞治击出的全垒打球、金田正一投出的三振球等。此外，还有球手亲笔签名、比赛用具、联赛宣传海报、历史照片等约3万件，体育类书籍约5万册。

地址：東京都文京区後楽 1-3-61

根津神社

SHENSHE GENJIN

“根津神社”始建于1900年前，由日本武尊在千驮木上创祀。1706年由江户幕府第五代将军德川纲吉建了现在的社殿。宏伟的本殿、唐门、楼门等已被指定为日本重要文化遗产。神社内拥有6000多平方米的杜鹃苑，有100种3000多株杜鹃。每年4月下旬到5月上旬，各个品种的杜鹃花争奇斗艳，享有“东京第一赏杜鹃花胜地”的美誉。

地址：東京都文京区根津 1-28-9

汤岛圣堂

TANGDAO SHENGTANG

“汤岛圣堂”被称为“东京孔庙”，1690 年由德川幕府第五代将军德川纲吉将幕臣宅邸内的孔子庙移到汤岛，改称为“圣堂”。1797 年，成了德川幕府直辖的昌平坂学问所，是日本研究学问和教育的基地。明治初期，日本文部省、国立博物馆、东京师范学校等机构也设立于此。虽然这些机构都已经迁移到别的地方，但汤岛圣堂仍是莘莘学子心中的圣殿。境内有一尊高达 5 米的孔子铜像，大成殿内还供奉着孔子和他的四位弟子，每到考试期间，许多考生会前来祈求考试顺利。汤岛圣堂已被指定为日本历史遗迹。

地址：東京都文京区湯島 1-4-25

入德門

圣玛丽亚教堂

SHENGMALIYA JIAOTANG

“圣玛丽亚教堂”是天主教东京总教区的主教堂，始建于 1899 年，最初是一座哥特式木制建筑，“二战”期间被烧毁，于 1955 年重建，由著名建筑师丹下健三（1913—2005）设计。教堂的主体结构采用曲面墙体，从地面的斜四边形平面绵延升起，到顶端集聚为一个水平十字形的天窗，使得教堂在俯视时呈现十字架形。教堂内部没有支柱，屋顶高 39.4 米，阳光透过最上方的十字架形天窗照射到室内，营造出庄严神圣的氛围。教堂外观表面采用不锈钢金属表皮，形态轻盈，仿佛鸟翱翔时的翅膀。

地址：東京都文京区関口 3-16-15

7 丰岛区

常盘庄漫画博物馆

MANHUA BOWUGUAN CHANGPANZHUANG

“常盘庄漫画博物馆”于2019年在“常盘庄公寓”旧址上复原重建。常盘庄公寓是手冢治虫、藤子·F·不二雄等著名漫画家曾经居住过的地方，被誉为“漫画圣地”。馆内展品主要包括《漫画少年》杂志和一些漫画家的手绘贺图，以及铃木伸一绘制的《常盘庄全景》等。此外，常盘庄的招牌、电话亭、生活场景也再现了当时的氛围。

地址：東京都豊島区南長崎 3-9-22

トキワ荘のヒーローたち

トキワ荘へ
ようこそ!
共同炊事場
2階廊下
解体されるトキワ荘
便所
2階居室

熊谷守一美术馆

MEISHUGUAN XIONGGUSHOUYI

“熊谷守一美术馆”是日本近代画家熊谷守一 (1880—1977) 去世前生活了 45 年的住所和工作室。熊谷守一被称为日本美术史上“野兽派”的标志性人物，他确立了色彩明亮、以单纯简洁为特征的画风。晚年作品多以花鸟虫鱼等近在身旁的事物为题材，受到各年龄层人们的喜爱。在常设展室中，除了约 30 件油画之外，还可以欣赏到 30 件左右的水墨画和书法作品。美术馆一楼的小咖啡馆，俨然一个小小的艺术空间，有油画、雕塑、陶瓷以及艺术家的作品。

地址：東京都豊島区千早 2-27-6

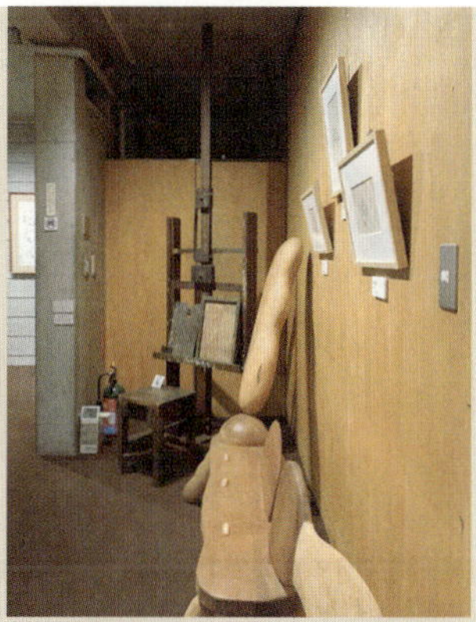

寂

纪念馆 铃木信太郎

JINIANGUAN LINGMUXINTAILANG

“铃木信太郎纪念馆”是由昭和初期的私人住宅“书房楼”“餐室・大厅楼”，以及建于明治时期的“客厅楼”组成。铃木信太郎（1895—1970）在日本法国文学研究初期，建立了日本法国文学和语言研究体系。馆内介绍了铃木信太郎的生平事迹、研究成果和珍贵书籍，以及展示书房等内部空间。

地址：東京都豊島区東池袋 5-52-3

自由学园明日馆

MINGRIGUAN
ZIYOUXUEYUAN

“自由学园明日馆”建于1921年，是由美国建筑师弗兰克·劳埃德·赖特设计的校舍。建筑群由四座相互关联的建筑体块组成，中心的主楼与东西两侧的教学楼呈U字形排布。主楼以一个双层高的大厅为中心，高耸的窗户面向庭园，保证了内外区域的视野连通。此外，赖特还将彩色玻璃窗更换为具有几何纹样的木制窗框装饰物，体现了对传统技术的延续。该馆已被指定为日本重要文化遗产。

地址：東京都豊島区西池袋2-31-2

杂司谷旧传教士馆

JIUCHUANJIAOSHIGUAN
ZASIGU

“杂司谷旧传教士馆”建于 1907 年，是美国传教士的住宅，同时也被用作传教和教育活动的据点。该建筑受到了 19 世纪美国郊外住宅的影响，白色墙体上装点着绿色的窗棂。一楼是食堂、客厅、教会办公室，二楼是卧室。虽然看起来是一座简陋的外国人住宅，但在细节上随处可见洋为和用的设计理念，是东京都内现存最古老的近代木制洋风建筑，已被指定为东京有形文化遗产。

地址：東京都豊島区雑司が谷 1-25-5

旧皇族宿舍 学习院大学

JIUHUANGZU SUSHE XUEXIYUAN DAXUE

“学习院大学 旧皇族宿舍”是 1913 年为皇族学生建造的宿舍，也称“东别馆”，这是一座两层的木质建筑，有山墙式屋顶和木瓦屋顶。因当时的皇族多乘坐马车进校，该馆的玄关屋顶设计得较高，作为大正初期的宿舍建筑实属罕见。学习院大学起源于 1847 年日本仁孝天皇在京都御所设立的学习所。历经明治、大正两代，大部分的皇室以及日本贵族阶层就读于此校，是日本公认的“贵族皇族大学”。除“东别馆”外的“北别馆”“南 1 号馆”“西 1 号馆”等，均被列为国家有形文化遗产。

地址：東京都豊島区目白 1-5-1

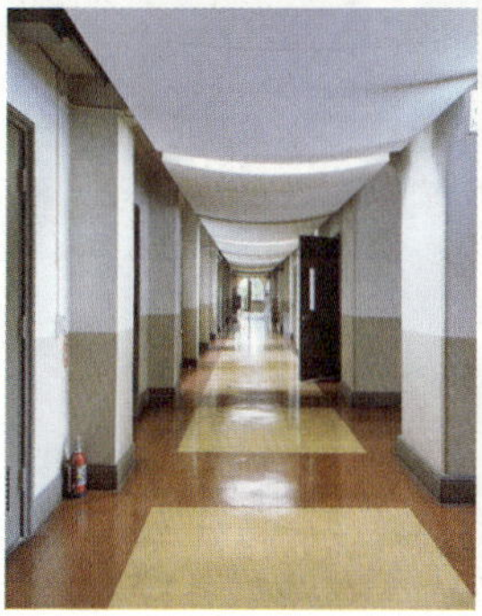

梅瑟纪念馆 立教大学

MEISE JINIANGUAN
LIJIAO DAXUE

“立教大学梅瑟纪念馆”于1919年落成使用。一楼是事务所，二楼是图书馆。由美国圣公会的塞缪尔·梅瑟捐赠。纪念馆入口的上部写有“MATHER LIBRARY”字样，是对该建筑历史与捐赠者的一种致敬。馆内现用于展示立教大学的发展史，内部收藏了许多珍贵史料和实物，这些资料都是当年保存下来的。该馆已被指定为东京都历史文化建筑物。

地址：東京都豊島区西池袋 3-34-1

立教大学莫里斯馆

MOLISIGUAN LIJIAO DAXUE

“立教大学莫里斯馆”于1919年落成，由美国圣公会传教士亚瑟·卢瑟福·莫里斯捐建，故命名为“莫里斯馆”。建筑采用了经典的哥特式风格，与许多美国名校的建筑风格相似。主楼环绕着常青藤，四季风景各异。楼前两棵25米高的喜马拉雅雪松是1920年种植的。该馆已被指定东京都为历史建筑物。

地址：東京都豊島区西池袋3-34-1

目白庭园

TINGYUAN MUBAI

“目白庭园”于1990年开园。由造园家伊藤邦卫（1924—2016）设计，沿袭了江户时代传统的园林风格，是典型的回游式日本庭园。入口处是长屋门。园内设施除了数寄屋建筑“赤鸟庵”，还有池塘边的“六角浮见堂”、小瀑布等，种植的树木有500棵。“赤鸟庵”建在池塘南侧，用于茶道、花道、句会[1]、围棋等兴趣活动。

1　指以日本传统诗歌——俳句为主题的创作活动或聚会。

地址：東京都豊島区目白3-20-18

东京艺术剧场

YISHU JUCHANG DONGJING

“东京艺术剧场”于1990年开幕，由建筑师芦原义信（1918—2003）设计。外观巨大的三角形玻璃面和深蓝色瓷砖墙独具特色。进入剧场内，中庭空间从地下一楼一直贯通至地上五楼，建筑物内部及周围公共区域陈列了多件美术作品。剧场内设有大表演厅，中表演厅及两个小表演厅。大表演厅内设置有日本最大的管风琴之一。

地址：東京都豊島区西池袋1-8-1

Concert Hall

東京芸術劇場
東京芸術劇場

東京芸術劇場

阳光水族馆

SHUIZUGUAN
YANGGUANG

“阳光水族馆”是日本第一座屋顶水族馆，于1978年开馆。馆内拥有约550类物种，共约2.3万种水生动物。由一个两层的区域和一个名为“海上乐园”的室外区域组成。一层展示海洋生物，二层以湖泊和河流为主题，水族馆充分利用大厦楼顶的地理位置，设置了一个户外“海上乐园”，可以看到海狮和企鹅等生物。

地址：東京都豊島区東池袋3－1 サンシャインシティ ワールドインポートマートビル 屋上

8 江东区

日本科学未来馆

RIBENKEXUEWEILAIGUAN

“日本科学未来馆”于 2001 年开馆，为地上八层地下两层，总面积 8881 平方米。展示区由“地球环境和尖端技术”“技术革新和未来”“信息科学技术与社会”以及“生命科学与人类”四部分构成。在从一层直通至六层的空间安装有世界首次投入使用、直径为 6.5 米的球形显示器“GEO · COSMOS”（地球宇宙）。这个显示器可以显示卫星照片，并能播放从宇宙看到地球的真实状态。

地址：東京都江東区青海 2-3-6

中川船番所资料馆

ZHONGCHUANCHUANEANSUO ZILIAOGUAN

“中川船番所资料馆”是为了再现江户时代设置的中川船番所，收集、保存和展示有关水运和江东区历史的资料馆。馆内再现了中川番所一部分立体模型和江户的水运历史，乡土历史文化介绍等。一楼为售票大厅，二楼是关于中川发展的历史故事，昔日百姓生活场景，实景搭建和收藏的老物件。三楼是中川的起源、江东区的发展和渔具展示，这里搭建的超大历史场景，让你仿佛瞬间穿越到了江户时代。

地址：東京都江東区大島 9-1-15

彩虹下水道馆

XIASHUIDAO GUAN CAIHONG

“彩虹下水道馆”于1996年开馆。在馆内，可以通过展示品和体验活动了解到下水道系统是怎么让东京保持清洁的。这里有按比例复制的下水道研究所、中央监视室、水质检测室、水泵所等设施。参观者可以看到水被净化的过程，了解到整个下水道系统的工作原理，打破了下水道阴暗、肮脏、恶臭、细菌滋生的固有印象。

地址：東京都江東区有明2-3-5有明水再生センター5階

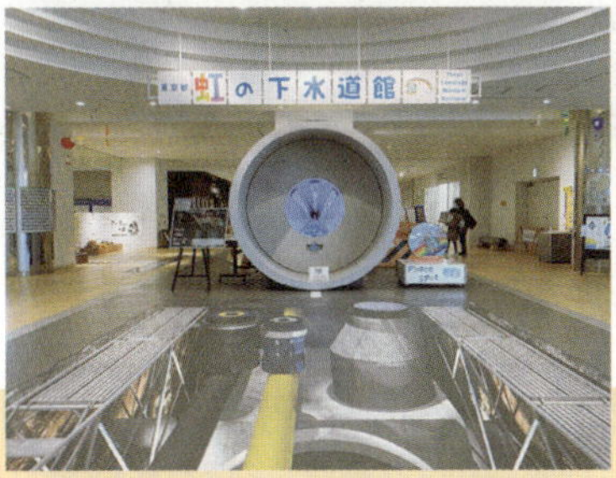
虹の下水道館

中央監視室
Central control room

CINEMA
RAINBOW
レインボーシネマ

ご自由にお持ち帰り下さい

东京都水科学馆

KEXUEGUAN
DONGJINGDUSHUI

“东京都水科学馆”于1997年开馆。建筑从地下三层到地上三层，自下而上分别为明水处理厂、接待中心、水乐园、水之城、水实验室，以及水之森林和水之旅影像剧场。通过用手亲自触摸、观赏最新技术场景剧场，将生活中不可或缺的水以各种有趣的方式呈现给参观者。

地址：東京都江東区有明3-1-8

3 アクア・ラボラトリー
Aqua Laboratory
ふしぎ体験!
水の実験室
Amazing experiments with water

1 アクア・トリップ
Aqua Trip
水のたびシアター

煤气科学馆

MEIQIKEXUEGUAN

“煤气科学馆”于2006年开馆，分为“理解”“体验”“发现”等7个展区，简单易懂地讲解能源、煤气、地球环境等问题。在一层历史画廊，可以看到实际使用的稀有旧煤气器具。在不可思议的火焰画廊，有介绍城市管道煤气的火焰和特性展示。在二层环境与食品、生活与社会展区，对地球以及食物的重要性，未来社会的模样等进行了描述。

地址：東京都江東区豊洲6-1-1

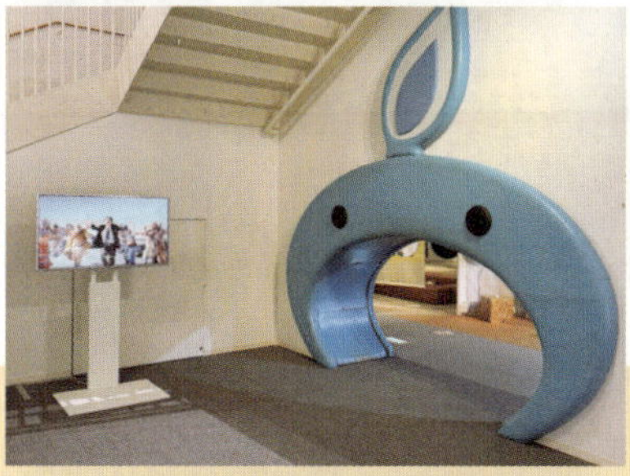

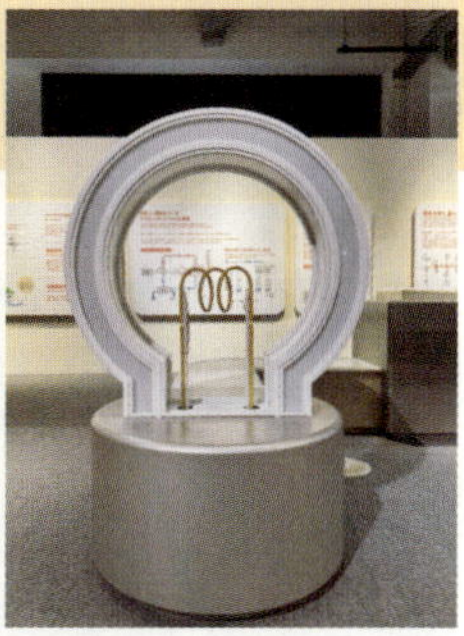

热带植物馆 梦之岛

REDAI ZHIWUYUAN MENGZHIDAO

“梦之岛热带植物馆”于1988年开园，由三座圆顶建筑组成。大温室的设计灵感来源于帆船的船帆，高达28米，内部分为三个穹顶，每个穹顶都有不同的热带植物景观，展示了香蕉树、食虫植物、椰子树、热带睡莲、红树林等1000多种热带植物。在室外展示空间，有香草园和展示热带睡莲的池塘。第三座圆顶建筑主要展示小笠原群岛上特有的珍贵植物。

地址：東京都江東区夢の島2-1-2夢の島公園内

芭蕉纪念馆

BAJIAOJINIANGUAN

“芭蕉纪念馆”于1981年开馆。松尾芭蕉（1644—1694）是江户时代前期杰出的俳谐师，被誉为“俳圣”。他的作品大多是在歌颂优美的景色和自然，每一句都触碰心灵。代表作品有《荒野纪行》《奥州小路》等。馆内存放有松尾芭蕉的众多作品，并珍藏了从江户时代到现代的俳句文学资料。在馆内的日本庭园里，可以欣赏到芭蕉俳句中所描写的花草树木、池塘以及瀑布等。

地址：東京都江東区常盤 1-6-3

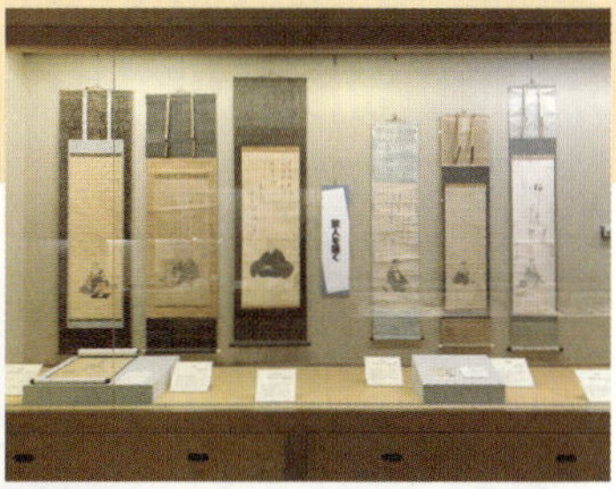

展示馆 第五福龙丸

ZHANSHIGUAN DIWUFU LONGWAN

“第五福龙丸展示馆”位于梦之岛公园内，保存着 1954 年 3 月 1 日，美国在太平洋马绍尔群岛进行氢弹实验中受损的木制渔船“第五福龙丸”号。展品包括船体和附属品、死亡灰烬、航海日志等物品，用照片和图板，详解了原氢弹实验、使用对人类和地球环境的危害性。此外，展示馆前广场还有久保山爱吉纪念碑、福龙市引擎和金枪鱼冢石碑。

地址：東京都江東区夢の島 2-1-1

第五福龍丸

东京都现代美术馆

MEISHUGUAN DONGJINGDUXIANDAI

“东京都现代美术馆”是日本规模最大的当代艺术美术馆，1994 年由建筑师柳泽孝彦和川上喜三郎共同设计。入口设计成一座高大的天桥，阳光穿透三角几何造型的墙面，营造出独特的视觉效果。馆内收藏了约 5500 件作品，除了日本当代艺术家作品外，更典藏了欧美和亚洲在 1950 年之后的当代艺术作品。美术馆展出了自 1945 年以来包括日本和国际艺术家在内的大量作品，涵盖从 20 世纪到现在的艺术历史。

地址：東京都江東区三好 4-1-1

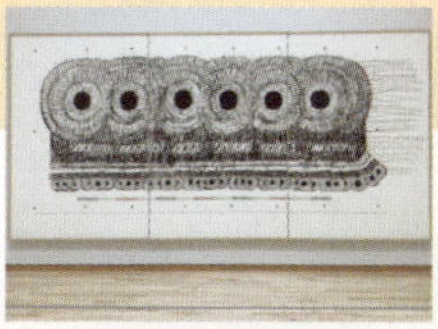

都立木场公园

GONGYUAN DULIMUCHANG

“都立木场公园”是东京都著名公园之一，于 1992 年开园，总面积达 24.2 万平方米。过去，这里曾经是木材仓库和储木场，分为南、中、北三个部分。园内有“互动交流广场”的大草坪，非常适合野餐和户外烧烤。在“木场 Midoriamu”，展示有绘画等艺术品。此外，园内还设有网球练习场、都市绿化植物园。

地址：東京都江東区木場 4・5 丁目・平野 4 丁目・三好 4 丁目・東陽 6 丁目

猿江恩赐公园

GONGYUAN YUANJIANGENCI

“猿江恩赐公园”是明治政府1924年赐予东京都的，于1932年开园。北园中央广场是以钟楼为中心的草坪广场。“迷你木藏”再现了过去的储木场，保留了下町的挖掘风情。南园的日本庭园有池塘和瀑布等，空间中散发着清凉感。园内种植有200多株染井吉野樱花树，每到春天，这里就变身为人潮涌动的赏樱景点。

地址：東京都江東区毛利2-13-7

清澄庭园

QINGCHENGTINGYUAN

“清澄庭园”坐落在隅田川右岸，是明治时期的代表性庭园之一。当时岩崎弥太郎引隅田川之水，并收集全国各地的岩石来建造这座庭园。1924 年，庭园被捐赠给日本政府，1932 年对外开放。这座回游式林泉庭园，融合了传统日式庭园的元素，如水池、小岛、凉亭、灯笼等。最具代表性的是从全国收集的名石装饰，如伊豆矶石、伊予青石等。园内的茶屋式凉亭是 1909 年为欢迎来日的英国基钦纳元帅而兴建的。

地址：東京都江東区清澄 2・3 丁目

有明竞技场

YOUMINGJINGJICHAN

“有明竞技场”于 2019 年竣工，是 2020 年东京奥运会排球比赛、残奥会轮椅篮球比赛场馆，可容纳观众 1.5 万人。场地采用标志性设计，根据中央凹陷的屋顶形状，通过减少内部空间的体积、减轻空调负荷等，以帮助减少设施的碳足迹。奥运会结束后，该馆用于体育比赛和文化活动。

地址：東京都江東区有明 1-11-1

有明体育馆

YOUMINGTIYUGUAN

“有明体育馆”于1987年建成使用，是日本网球公开赛、东丽泛太平洋网球公开赛、全日本网球锦标赛等网球比赛的会场。2020年东京奥运会、残奥会上被用作网球比赛的主场地，可容纳1万名观众。屋顶采用滑动式开关系统，成为日本首个配备开合式屋顶的体育馆。

地址：東京都江東区有明2-2-22

东京水上运动中心

YUNDONG ZHONGXIN
DONGJING SHUISHANG

“东京水上运动中心”于2019年竣工，是2020年东京奥运会水上项目游泳、跳水、花样游泳的比赛场馆。场馆采用地上四层，地下一层的结构，最引人注目的是它的屋顶，重达7000吨。奥运期间的观众席约有1.5万个。为调节距离和水深，泳池壁和底面采用可动式。主泳池和副泳池均能确保有10条50米长的泳道，还设有25米见方、水深5米的跳水池。

地址：東京都江東区辰巳2-2-1

TOKYO 2020
TOKYO 2020

东京国际展示场

DONGJING GUOJI ZHANSHICHANG

“东京国际展示场”于 1995 年竣工，展示面积约 11.5 万平方米，是日本面积最大的展览场地。展示场由会议楼、东展示楼、东新展示楼、西展示楼、南展示楼组成，其中会议楼以其独特的设计最为著名。场地内的巨大雕塑《切割的锯子》格外引人注目。

地址：東京都江東区有明 3-11-1

TOKYO BIG SIGHT

富冈八幡宫

FUGANG BAFANGONG

“富冈八幡宫”创建于1627年，是江户最大的八幡宫之一，拥有17个分神社。主殿祭祀着战斗之神“八幡神”，是汇聚了武士们尊敬与崇拜的神社，被视为江户相扑的发源地。相扑虽贵为“国技”，却曾因“扰乱风纪”而一度被禁。1684年，江户幕府对富冈八幡宫的相扑表演下了许可令。之后，每年的春秋两季，神社内便会举办相扑表演。神社内还有刻有历代横纲名字的横纲力士碑。

地址：東京都江東区富岡 1-20-3

9 墨田区

烟草与盐博物馆

BOWUGUAN
YANCAO YU YAN

“烟草与盐博物馆”于 1978 年由日本烟草公司创立。馆内分别展示烟草和盐的历史、包装、吸烟工具等。烟草展区主要介绍烟草的历史、流入日本的过程、在日本的种植和加工，以及不同时代的烟草广告和烟具。展区内重现了江户时代的烟草店，以及大量的浮世绘藏品。盐展区主要介绍盐的历史、盐对于生物和生命科学的重要性、全球的盐资源分布情况、日本的盐业历史以及盐的化学和结晶学。

地址：東京都墨田区横川 1-16-3

塩の世界

Salt

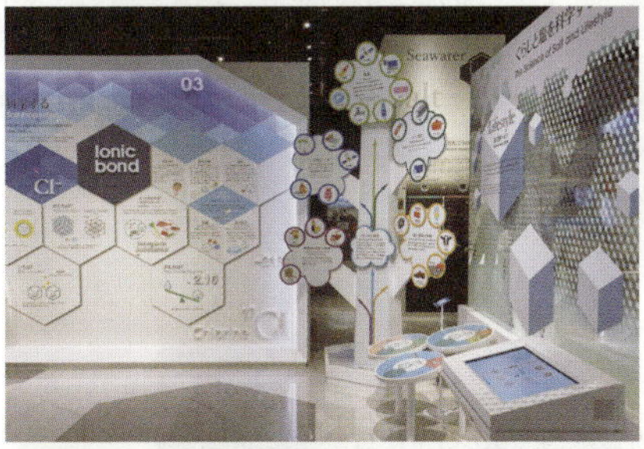
03
Ionic bond
Cl
Seawater

からだと塩を
—あなたのか
The Science of S

御煙草入ル

一ロ一ヒ
店商瀬河

國
府

东武博物馆

DONGWUBOWUGUAN

“东武博物馆”于1989年在东武铁道创立90周年之际开馆，通过铁路和公交车等熟悉的交通工具展示、介绍东武铁道的历史和作用。馆内展出了东武铁道实际使用的蒸汽机车、电力机车、电车、巴士和12辆实物车辆。其中，B1型5号蒸汽机车为东武铁道开业时的蒸汽机车，虽然是静止状态，但是车轮可以旋转，每天还定时进行旋转演出。

地址：東京都墨田区東向島4-28-16

本線
1L

急行
りょうもう
モハ1721
モハ1751
モハ1752
54

ED4012
ED4021

5

刀剑博物馆

DAOJIANBOWUGUAN

“刀剑博物馆”于 1968 年开馆。馆内以平安、镰仓、南北朝时期的名作为中心，收藏有“刀剑”“刀装”“刀装具”“盔甲”等约 152 件。其中包括刻有太刀铭“延吉”“国行”等国宝级刀剑。这些展品不仅反映了日本武士文化的历史演变，也展示了日本刀剑制作的精湛工艺和独特风格。馆内资料室还收藏有约 1500 册有关刀剑的古书籍及资料。

地址：東京都墨田区横網 1-12-9

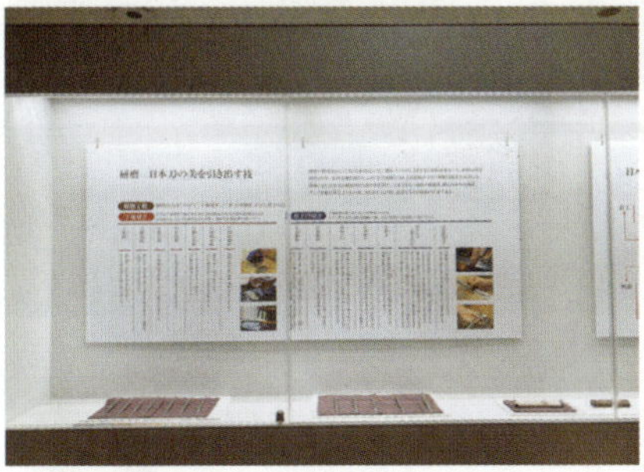

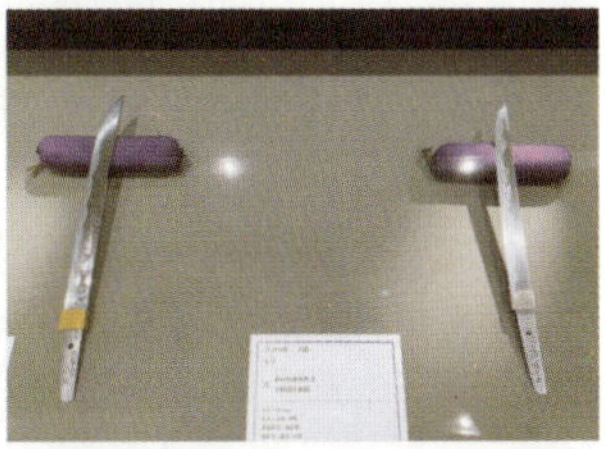

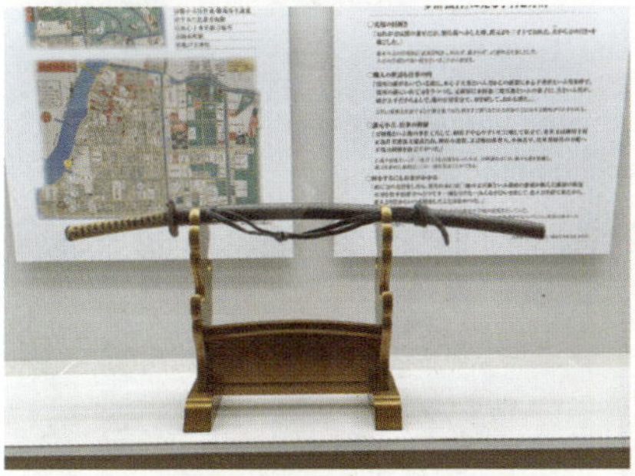

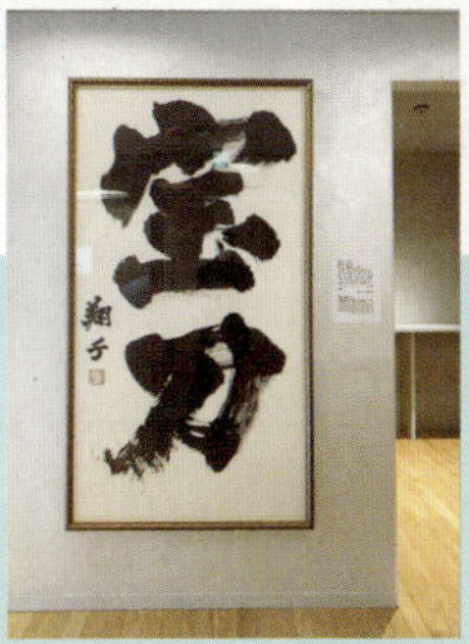
宝刀
翔子

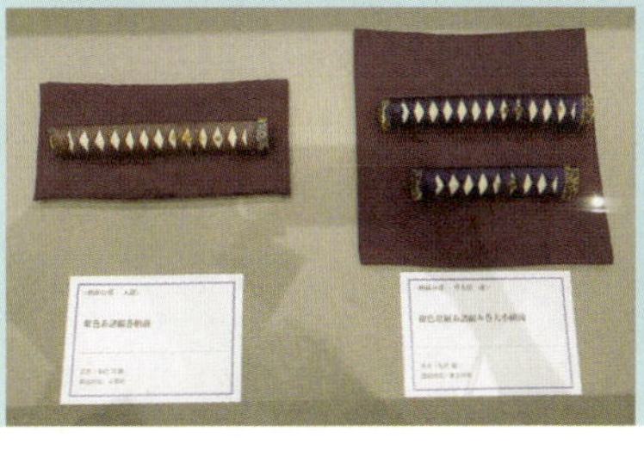

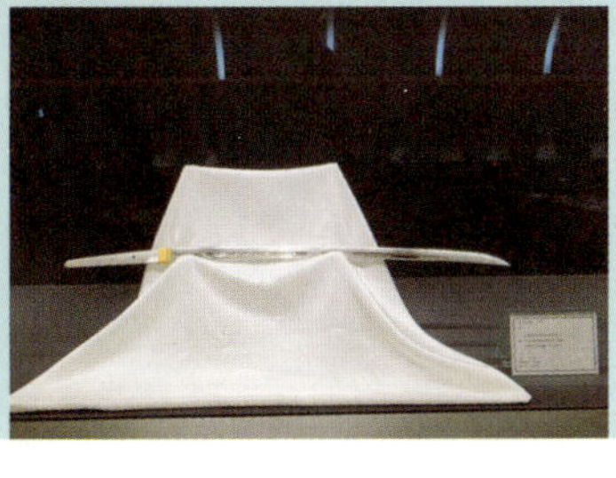

墨田北斋美术馆

MOTIAN BEIZHAI MEISHUGUAN

“墨田北斋美术馆”于2016年开馆。葛饰北斋（1760—1849）是江户时代的浮世绘画家，以其独特的绘画风格和丰富的作品而闻名。流行于江户时代的浮世绘在日语中是“描绘现世的绘画”之意，展现了当时的风景与居民生活。馆内收藏着北斋木版画中最有名的代表作《富岳三十六景》系列。美术馆由建筑师妹岛和世设计，外墙覆盖着镜面铝板，映射着蓝天白云，具有太空时代的风格。

地址：東京都墨田区亀沢2-7-2

北斎百鬼見参

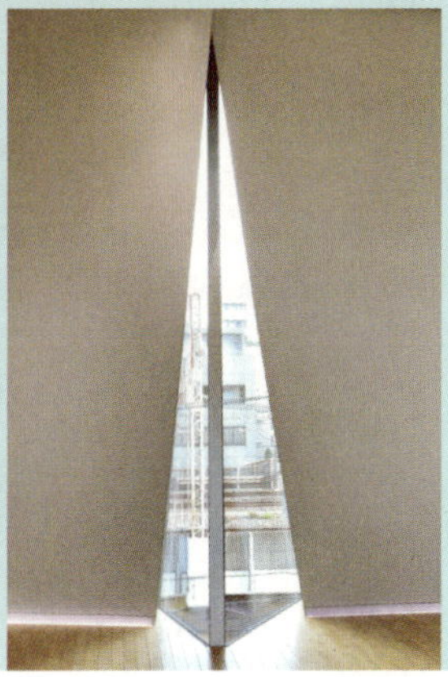

旧小山家住宅

ZHUZHAI JIUXIAOSHANJIA

“旧小山家住宅”建于 1917 年，是江户时代农家和町家相结合的建筑样式，起初是茅草屋顶，1930 年改成瓦葺寄栋造宅邸。建筑大部分都维持了大正时代建造的样子，内部布局是典型的农家结构。建筑物正面由细木格子门、出格子窗和黑石膏墙构成，具有传统江户町家的特征。在枯山水庭园里放置着七福神等石像，七福神的雕像齐全成为这里的一大亮点。

地址：東京都墨田区立花 6-13-17

お手を触れないで下さい。

布袋尊
HOTEISON

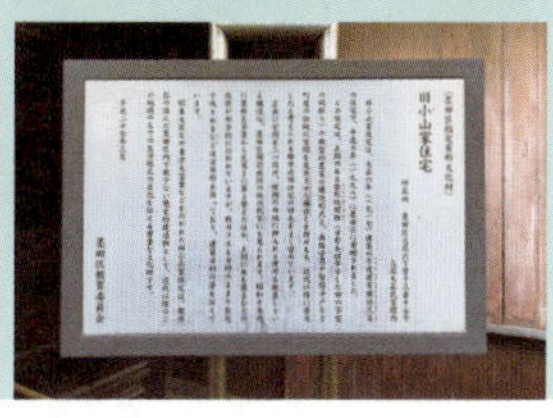

东京晴空塔

DONGJINGQINGKONGTA

“东京晴空塔”于2012年投入使用，是发送地面数字广播的自立式电波塔。设计灵感来源于传统的日本五重塔，同时结合了现代科技元素。塔身基部为三角形，往上逐渐转变为圆形，展现出两种截然不同的模式。在350米及450米处各设一座观景台，可以俯瞰整个东京市区。在塔脚下有大型商业设施、水族馆、天文馆、邮政博物馆等，被称为“东京晴空塔城”。

地址：東京都墨田区押上 1-1-1

NORTH ENTRANCE
展望台入口

THE SKYTREE SHOP

SKYTRE
GALLER

东京都复兴纪念馆

DONGJINGDUFUXING JINIANGUAN

“东京都复兴纪念馆”于1931年开馆。馆内展示了关东大地震大量有形及无形的资料，帮助日本国民保留和强化对关东大地震的集体记忆。1923年的关东大地震后，约有4万人到此地避难，后死于地震和火灾中。馆内展示了大地震的受害、救援、复兴的遗物，以及受灾物、绘画、照片、图表等史料。

地址：東京都墨田区横網 2-3-25

向島百花园

XIANGDAOBAIHUAYUAN

“向岛百花园”是 1804 年至 1830 年，由江户时代古董商人佐原鞠陨以草本花木鉴赏为中心开设的花园。于 1939 年对外开放。所谓百花园，即为“四季百花绽放之园”。开园当初，以 360 棵梅树为主，被称为“新梅屋敷”。之后，收集了宫木、芒草等《诗经》和《万叶集》吟诵的著名植物，是唯一留存至今的江户时期花园。1978 年被指定为日本国家名胜及史迹。

地址：東京都墨田区東向島 3-18-3

梅洞水

旧安田庭园

JIUANTIANTINGYUAN

“旧安田庭园”建于元禄年间（1688—1703），1879 年由安田财阀之祖安田善次郎购得此地。1923 年关东大地震中遭到毁坏，随后被修复。庭园内树木繁茂，各种植物环绕着池塘。作为潮入回游式大名庭园，小岛漂浮的心字池被老树和散步路包围着，布置了雪见灯笼等。庭园内的池水，以前是由隅田川引进，利用东京湾的涨潮，可欣赏景色变化。

地址：東京都墨田区横網 1-12-1

10 台东区

东京国立博物馆

BOWUGUAN DONGJINGGUOLI

“东京国立博物馆”建于 1871 年，由主馆、表庆馆、东洋馆、平成馆、法隆寺宝物馆等组成，主要收藏日本古代文物及东亚地区艺术品，藏品数量达 12 万件，其中国宝 89 件，重要文化遗产 649 件，涵盖雕刻、漆器、刀剑、陶瓷器、珐琅器、书法、绘画等类别。1937 年竣工的主馆，由建筑师渡边仁（1887—1973）设计，以钢筋混凝土结构替代日本传统的木质构造，是一座典型的和洋折衷建筑，也是日本“帝冠样式”建筑风格的代表作。

地址：東京都台東区上野公園 13-9

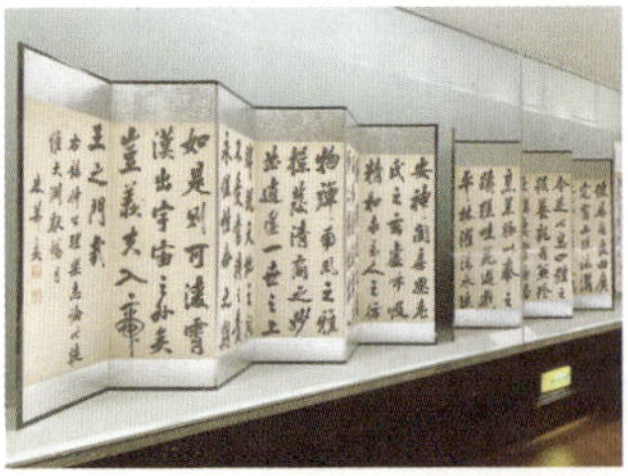

东京国立博物馆·

表庆馆

BIAOQINGGUAN

“表庆馆”是1909年为庆祝当时的皇太子嘉仁亲王成婚而建造的。“表庆”即表达喜庆之意。由宫廷建筑师片山东熊（1854—1917）设计，是明治末期西洋风格的代表建筑。外观为绿顶白墙，室内则拥有高高的圆顶天花板，许多壁画及对称的立体装饰纹样，精美绝伦。这是日本第一座展示美术作品的常设展览设施。该建筑现已被列为日本重要文化遗产。

地址：東京都台東区上野公園 13-9

东京国立博物馆·东洋馆

DONGYANGGUAN

“东洋馆”于1968年建成开馆，由建筑师谷口吉郎（1904—1979）设计。馆内共有六层，展品按照地理区域和年代进行分类，从古代到近代，涵盖了东亚的中国、朝鲜半岛、东南亚、中亚和南亚等地的艺术作品和文物。展品包括陶瓷、青铜器、雕塑、书法、绘画、佛教艺术品等，其中中国文物占据了相当重要的地位，展示了来自中国各个朝代的艺术品。

地址：東京都台東区上野公園 13-9

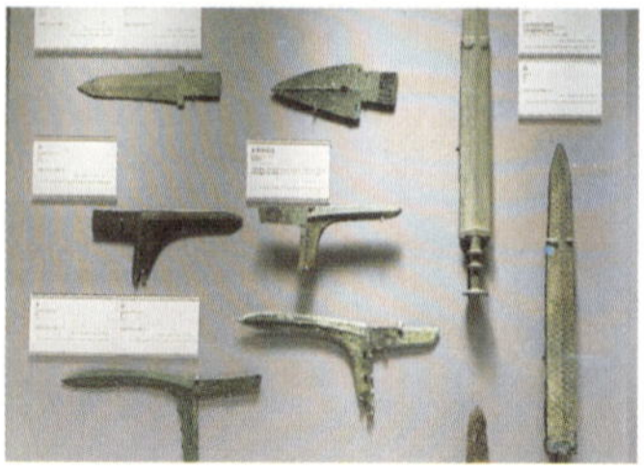

东京国立博物馆·法隆寺宝物馆

FALONGSIBAOWUGUAN

“法隆寺宝物馆”于 1964 年开馆。馆内展示和收藏了大约 300 件宝物，这些宝物主要是明治 11 年（1878）从奈良的法隆寺献给皇室的，包括 7—8 世纪佛教艺术及文化等方面的珍贵物品。这些展品涵盖了金铜佛像、伎乐面、绘画等，其中特别引人注目的是 48 尊镀金佛像，每个佛像高约 30 ~ 40 厘米，形态各异。现在的建筑于 1999 年竣工，由建筑师谷口吉生设计。

地址：東京都台東区上野公園 13-9

东京国立博物馆·

平成馆

PINGCHENGGUAN

“平成馆”是为纪念皇太子德仁亲王成婚而建，于1999年开馆。展示内容按照历史年代的顺序陈列，用考古资料追溯从旧石器时代到江户时代的日本历史。可以见到绳文时代的土偶、弥生时代的铜铎、古坟时代的埴轮等作品。平成馆的设计注重展示空间的丰富性和体验感，通过入口的回环转折、墙体与路径引导视线方向，随着人的主体位移及视线变化，空间感变得丰富。

地址：東京都台東区上野公園 13-9

黑田纪念馆

东京国立博物馆·

HEITIANJINIANGUAN

“黑田纪念馆”是为纪念日本近代西洋画之父黑田清辉（1866—1924）而建，于1928年竣工。纪念馆由建筑师冈田信一郎（1883—1932）设计，是古典主义风格的代表性建筑。馆内陈列着其遗族捐赠的画家遗作，以及他成为画家之前的素描等珍贵作品。在特别展室里可以欣赏到《湖畔》等三幅代表作品。2002年，该建筑被指定为日本有形文化遗产。

地址：東京都台東区上野公園 12-53

东京国立博物馆·宽永寺本坊庭园

FANGTINGYUAN KUANYONGSIBEN

“宽永寺本坊庭园”位于东京国立博物馆本馆后面，在以池塘为中心的庭园里，保留着旧宽永寺花园的遗迹。其中包括数奇屋茶室“转合庵”；江户时代的休息所“春草庐”；被称为“大和三茶室”的“六窗庵”；九条公爵的宅邸“九条馆”和旧明眼院书房“应举馆”，以及江户幕府第五代将军德川纲吉供奉的铜制五重塔等。

地址：東京都台東区上野公園 13-9

国立科学博物馆

GUOLIKEXUEBOWUGUAN

“国立科学博物馆”于1926年开馆。其前身是1877年成立的教育博物馆，1949年改为现名。博物馆由地球馆、日本馆两个主要展馆组成，拥有六层楼，包括地上三层和地下三层。设有五个陈列楼，其中一号楼、四号楼专注于生物的进化、哺乳类的进化、日本的动植物、矿物地质和人类等专题，其他三个陈列楼则介绍科学技术发展史，展示从古至今的各种计量工具和劳动工具。

地址：東京都台東区上野公園7-20

国立科学博物馆·地球馆

DIQIUGUAN

“地球馆”以“地球生命史和人类”为主题，共设10个展区，展出古生物、哺乳动物、鸟类、鱼类等实物标本，展现地球生命的起源及演变。重要展品包括多件三叶虫化石标本、距今7000万年的特暴龙骨骼标本、巨犀标本等。除生物相关展区外，馆内还设有地球史、地球环境、科技探索地球以及亲子互动展区。

地址：東京都台東区上野公園7-20

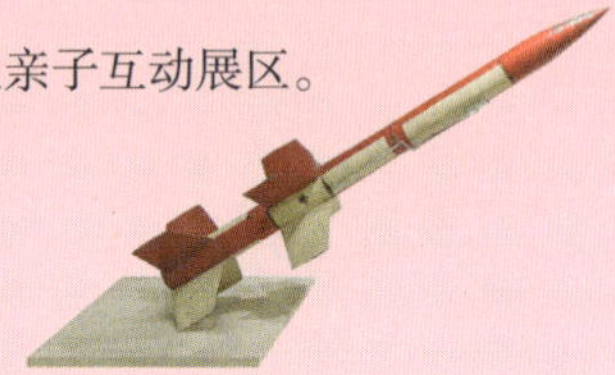

国立科学博物馆·日本馆

RIBENGUAN

“日本馆”以“日本列岛的自然和我们”为主题，展出与日本历史、自然、生物及人类文明有关的内容。分为“日本列岛的起源”“日本列岛的成长”“列岛上的生物”三部分，展出不同地区的动植物及土壤标本，直观地呈现日本的地形地质对本国气候、季节与自然环境的影响。包括绳纹时代至今人们的生活用具，日本最早的地震仪，以及江户时代的“换算天平秤”等。

地址：東京都台東区上野公園 7-20

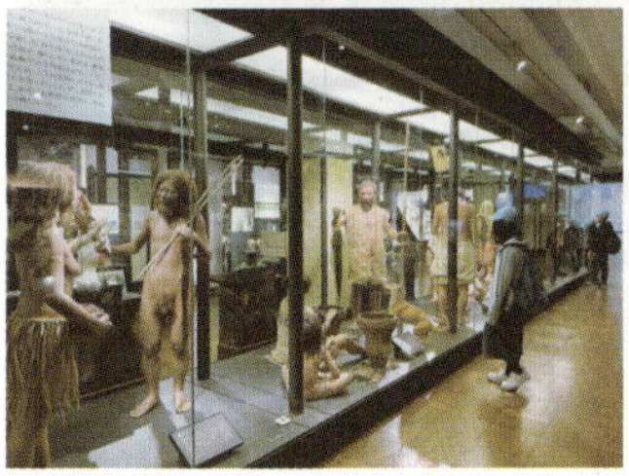

国立西洋美术馆

GUOLIXIYANGMEISHUGUAN

“国立西洋美术馆”于 1959 年开馆。主馆由法国建筑师勒·柯布西耶（1887—1965）设计。新馆于 1979 年完工，由日本建筑师前川国男（1905—1986）设计，新馆在视觉和结构上与本馆相得益彰。展品以实业家、政治家松方幸次郎（1866—1950）收集的从 19 世纪初到 20 世纪初的印象派绘画和雕刻为主，以及后来购入的从文艺复兴时期到 20 世纪初的西洋美术作品。

地址：東京都台東区上野公園 7-7

东京都美术馆

DONGJINGDUMEISHUGUAN

“东京都美术馆”于 1926 年开馆，分为地上两层和地下三层，设有临展厅、室外展厅、美术情报室及佐藤庆太郎纪念展厅等。美术馆由建筑师冈田信一郎（1883—1932）设计，是一座欧洲古典主义风格的建筑。新馆于 1975 年建成，由建筑师前川国男（1905—1986）设计，由于其高度限制不能超过 15 米，创造出与地上空间相同的地下建筑环境。馆内有 12 件雕塑作品陈列于中庭广场。

地址：東京都台東区上野公園 8-36

東京都美術館

上野之森美术馆

MEISHUGUAN SHANGYEZHISEN

“上野之森美术馆”隶属于日本美术协会，于1972年开馆。常设展览主要展示日本美术协会收藏的作品，包括日本画、油画、雕塑等多种艺术形式，展现了日本近现代美术的发展历程。日本美术协会的前身是1872年创立的美术团体“龙池会”，会员在上野天龙山生池院定期聚会，旨在保护急剧西化浪潮中受到冲击的日本美术及艺术家。1972年，日本美术协会将原本的美术展示馆改建为“上野之森美术馆”。

地址：東京都台東区上野公園 1-2

上野の森美術館大賞展
入賞者展
2022

东京文化会馆

HUIGUAN
DONGJINGWENHUA

“东京文化会馆”于1961年落成。除了大音乐厅、小音乐厅外，还有排练室、会议室、餐厅、音乐资料室等。会馆由建筑师前川国男（1905—1986）设计，为地下一层，地上四层。大音乐厅可容纳2303人，内部呈六角形，天花板高度18米，拥有四层楼座。该建筑巨大的曲线屋顶向外延伸，充满了日式美学色彩，达到了表现主义建筑风格的顶峰。

地址：東京都台東区上野公園 5-45

旧东京音乐学校奏乐堂

JIUDONGJINGYINYUE XUEXIAOZOUYUETANG

“旧东京音乐学校奏乐堂”建于 1890 年，是日本最早建造的西式音乐厅，曾是东京艺术大学音乐学部的校舍。建筑物旁边是明治时期日本西洋音乐家、东京音乐学校毕业生泷廉太郎的铜像。二楼是奏乐堂，有 338 个座席。设置在舞台上的管风琴，是 1928 年由音乐学者德川赖贞侯爵捐赠的，虽已有百年历史，但音色仍然优美如初。

地址：東京都台東区上野公園 8-43

旧東京音楽学校奏楽堂常設展

国际儿童图书馆

GUOJIERTONGTUSHUGUAN

“国际儿童图书馆”前身是1906年建成的帝国图书馆，被称为“砖砌栋”，由建筑师久留正道（1855—1914）设计，是明治时期融入文艺复兴风格的西式建筑。2015年在中庭一侧新设了“彩虹栋”，整个建筑物呈曲线形，在建筑师坂胜比古、安藤忠雄相继接棒设计再建后，2000年以日本第一座国际儿童图书馆对外开放。

地址：東京都台東区上野公園 12-49

东京艺术大学美术馆

MEISHUGUAN DONGJINGYISHUDAXUE

“东京艺术大学美术馆”前身为东京艺术大学资料馆，从 1887 年开始进行艺术资料的收集，现有藏品数量超过 3 万件，国宝、重要文化遗产 33 件，包括近代美术教育资料和东京音乐学校收录的乐器等音乐资料。在收藏品中占有大比重的是历届“学生作品”。美术馆分为主馆、陈列馆和正木纪念馆。主馆于 1999 年竣工。

地址：東京都台東区上野公園 12-8

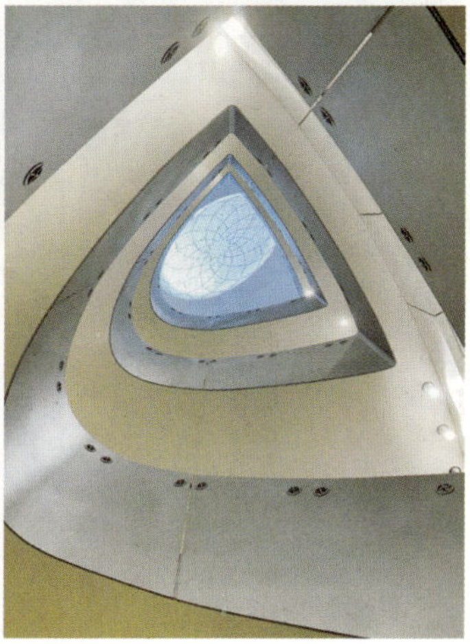

红砖1号馆、2号馆

HONGZHUANYIHAOGUAN、ERHAOGUAN

“红砖1号馆、2号馆”位于东京艺术大学音乐学部的正门守卫所后面，是东京都内现存最古老的砖瓦建筑。1号馆于1880年竣工，由建筑师林忠恕（1835—1893）设计，是作为教育博物馆的书库而建造。2号馆于1886年竣工，由本校任教的小岛宪之设计，是作为旧东京图书馆书籍阅览所的书库而建造。

地址：東京都台東区上野公園12-8

横山大观纪念馆

HENGSHANDAGUAN JINIANGUAN

“横山大观纪念馆”于1976年开馆。横山大观（1868—1958）被誉为“日本近代绘画之父”，特别擅长描绘山水画和四季景色，其作品以大气磅礴的风格著称。代表作品是标志性的富士山和大自然主题的画作。纪念馆是横山大观生前的故居，内有他使用的画具、书桌等生活遗物。馆内展出了他生前喜爱的春草、芋钱、观山等作品，以及定期更换的习作、遗物、画稿、素描等。馆内的庭园设计简洁优雅，是一个能让人静心沉淀的地方。

地址：東京都台東区池之端 1-4-24

子规庵 ZIGUIAN

“子规庵”是著名的俳人、歌人、国语学研究家正冈子规（1867—1902）晚年居住的地方。1894年，子规搬到了这个地方，把子规庵作为病室兼书房和俳句会、歌会的场所。子规去世后，由于建筑老化，1926年进行了拆除、重修。后因战火烧毁，于1950年重建后一直使用至今。1952年被指定为东京都文化史迹。

地址：東京都台東区根岸 2-5-11

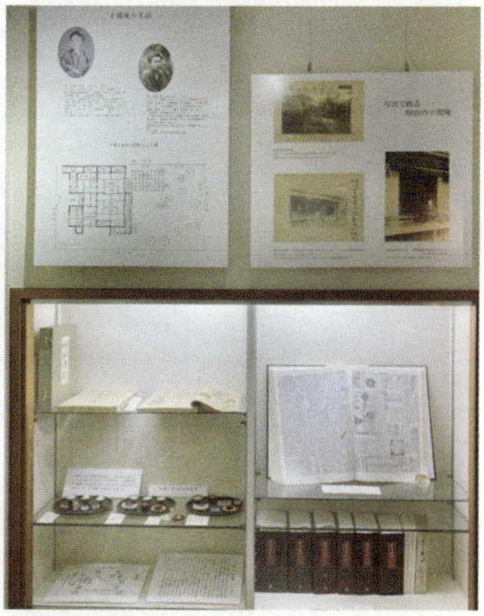

一叶纪念馆

YIYEJINIANGUAN

“一叶纪念馆”于 1961 年开馆。樋口一叶（1872—1896）是明治时期著名女作家，因病英年早逝，年仅 24 岁。在日本文学史上，被称为“奇迹的 14 个月”，因为她仅用了 14 个月就创作出了《大年夜》《浊流》《青梅竹马》等作品。她的作品大多以仿古文的形式书写，虽笔触较晦涩难懂，却细腻地描写出女性在父权社会下的压抑与无奈。她是日本纸币史上第一位女性肖像人物。馆内详细介绍了樋口一叶的生平与相关文物。

地址：東京都台東区竜泉 3-18-4

一葉を偲ぶ

本郷菊坂時代の作品

朝仓雕塑馆

CHAOCANGDIAOSUGUAN

“朝仓雕塑馆”是由著名雕塑家朝仓文夫（1883—1964）的工作室兼住宅改造而成，于 1967 年开馆。建筑物由朝仓文夫自行设计，采纳了日西合璧的样式，并建有“五典之池”的日式庭园和屋顶菜园。馆内按照艺术家生前的状貌复原布置，展示了朝仓文夫许多著名的雕塑作品，如“墓守”“小猫群”“时光流逝”等。该建筑已被指定为日本国家名胜。

地址：東京都台東区谷中 7-18-10

蘭四時香

上野恩赐公园

SHANGYEENCIGONGYUAN

“上野恩赐公园”于 1873 年与芝、浅草、深川、飞鸟山一起在太政官命令下首次被指定为公园。1924 年，宫内省将其赠予东京都。当初，这里是以宽永寺社殿、灵庙、东照宫及樱花为主的公园，但之后建起了博物馆、动物园、美术馆，转变成了散发着浓郁文化气息的公园。公园的第一批樱花树由德川幕府第三代将军德川家光（1604—1651）种植。自那以后的 400 多年里，这里便成了赏樱胜地，一直延续至今。

地址：東京都台東区上野公園池之端 3 丁目

不忍之池 弁天堂

BIANTIANTANG BURENZHICHI

“不忍之池 弁天堂”位于上野恩赐公园不忍池中心的人造岛上，建于江户时代早期，寺庙内供奉着弁财天、幸运女神以及智慧神，前来许愿考取功名的人络绎不绝。弁财天是印度教系中的女神，也是学者、艺术家、音乐家们的保护神。弁天堂的本堂为八角形设计，朱红色的墙体、白色的装饰和绿色屋顶格外醒目。

地址：東京都台東区上野公園 2-1

不忍池
辯天堂

清水观音堂

QINGSHUIGUANYINTANG

“清水观音堂”始建于1631年，是位于上野恩赐公园内供奉观音菩萨的佛堂。正殿前面向上野的山坡突出，景致宜人，仿照京都清水寺采用了“舞台构造”。从不忍池方向到佛堂的坡地被命名为“清水坂”。境内的“月之松”有着奇特的造型，是江户百景之一。清水观音堂以供养人偶出名，在本堂右坛供有“多子”“安产”之意的祈愿人偶，常常有求子心切的准父母们前来祭拜。

地址：東京都台東区上野公園 1-29

寛永寺
清水観音堂

上野东照宫

SHANGYEDONGZHAOGONG

“上野东照宫”是供奉江户幕府开府将军德川家康的神社。1651 年由第三代将军德川家光进行大规模改建，形成现今的神殿。由于大量使用金箔，也被称为“金色殿”。神社入口处有石造的明神鸟居，参道两侧并立着 200 个石灯笼和 50 个铜灯笼，有正殿、拜殿、唐门等很多颇具历史感的庄严建筑，其中鸟居、正殿、唐门等已被指定为日本重要文化遗产。

地址：東京都台東区上野公園 9-88

旧岩崎邸庭园洋馆

YANGGUAN JIUYANQIDITINGYUAN

“旧岩崎邸庭园”曾是三菱财阀岩崎家的主要府邸，当时这里的建筑物有二十栋之多。现在仅保留下来洋馆、撞球室、和馆三栋建筑。洋馆由英国建筑师乔赛亚·康德（1852—1920）设计，于1896年竣工。整体风格和装饰是以17世纪英国流行的詹姆士一世风格为基调，并融入了伊斯兰设计元素。洋馆主要供岩崎家聚会，并作为招待外国友人及贵宾使用。

地址：東京都台東区池之端 1-3-45

和馆 旧岩崎邸庭园

HEGUAN JIUYANQIDITINGYUAN

“旧岩崎邸庭园和馆”于 1896 与洋馆年同时竣工，是以书院造为基调的日式建筑。洋馆与和馆由船底天花板的过道连接，传达了当时和洋折衷的生活方式。和馆大量使用了长而优质的木材，在隐藏钉子等各个地方都能看到岩崎家的家纹三阶菱图案。早期和馆的大部分被拆除，现在只剩下大厅、其他 3 个房间、茶室、过廊和厕所等。

地址：東京都台東区池之端 1-3-45

浅草寺

QIANCAOSI

"浅草寺"创建于628年，是东京都内最古老的寺庙，正式名称为金龙山浅草寺。因为以圣观世音菩萨为本尊，故也被称为浅草观世音寺，原本属于天台宗，1950年独立成为圣观音宗的总寺院，是东京都内坂东三十三观音唯一的寺庙，也是江户三十三观音中的第一座。每年正月初诣[1]都会有很多人参拜此寺，参拜者数量始终位居日本前10名。

1　日本过阳历新年，一月一日至三日称为"初诣"。

地址：東京都台東区浅草 2-3-1

11 荒山区

尾久之原公园

WEIJIUZHIYUANGONGYUAN

“尾久之原公园”是在大正时代化学工厂旧址上兴建的都立公园，于1993年开园。园内利用丰富的水边环境，除了草坪广场和蜻蜓池，还修整了水流和雨水形成的池塘。蜻蜓池是蜻蜓和野鸟的栖息地，这里的自然环境依然保持着原始状态。园内种植了170棵荒川区特有的垂枝樱花，每年四月会举行“垂枝樱花节”。

地址：東京都荒川区東尾久 7-1

都立汐入公园

DULI XIRUGONGYUAN

“都立汐入公园”是隅田川河畔的都立公园，于2006年建成。公园面积宽广，有展望广场、野餐广场和多用途广场，并建有棒球场、网球场，以及喷泉、儿童游乐设施等。每年2月中旬盛开的河津樱为春天揭开序幕，3月起有大寒樱、染井吉野樱等20多种樱花接力登场，竞相盛开，是赏樱的最佳场所。

地址：東京都荒川区南千住8-13-1

12 足立区

足立区立乡土博物馆

ZULIQULIXIANGTU BOWUGUAN

“足立区立乡土博物馆”于 1986 年开馆。馆内收藏展示了足立区内的古文书、民具等，特别是从江户后期到明治初期的江户绘画，包括画家建部巢兆、村越其荣和村越向荣父子的作品。附属的“东渊江庭园”由造园家小形研三设计，以池塘为中心种植了柞树和山枫树等阔叶植物，隐藏着数寄屋造的茶室“临渊亭”。

地址：東京都足立区大谷田 5-20-1

东京武道馆

DONGJINGWUDAOGUAN

“东京武道馆”于1990年建成，由建筑师六角鬼丈（1941—2019）设计。建筑物以“云海山人”为概念，将山海自然景观和像云一样的风景用菱形图案表现出来。馆内有大武道场、第一武道场、第二武道场、弓道场、训练室、研修室等。大武道场面积约2000平方米，可以在剑道、柔道、空手道、排球、乒乓球、羽毛球等比赛中使用。

地址：東京都足立区綾瀬 3-20-1

舍人公园

SHERENGONGYUAN

“舍人公园”占地约 63 公顷，是东京都内面积第三大的都立综合公园，于 1981 年开园。园内自然环境优美，有能观察各种鸟类、鱼类及昆虫的大池塘，以及一片繁茂的森林，并配备了大型体育设施、各种大小广场等。春天有 1000 株樱花在园内盛开，秋天枫叶红满园。

地址：東京都足立区舍人公園 1-1

花畑纪念庭园

HUATIAN JINIAN TINGYUAN

“花畑纪念庭园”于 1984 年开园。公园以庭园为中心，周围被石墙包围着，与流淌的护城河相结合，让人联想到日本的古老城池。庭园内分布着瀑布、池塘、小溪、筑山等，与四处可见的雪见灯笼、四阿、等候、春日灯笼等相呼应，增添了许多趣味，是典型的池泉回游式庭园。在“樱花亭”内设有咖啡厅、日式房间和茶室。

地址：東京都足立区花畑 4-40-1

13 葛饰区

葛饰区乡土和天文博物馆

GESHIQU XIANGTU HE TIANWEN BOWUGUAN

“葛饰区乡土和天文博物馆”于1991年开馆。在天文展室，有太阳望远镜捕捉到的太阳表面和光谱、陨石的观测装置。屋顶上有口径为30厘米的太阳望远镜，可以观察太阳表面。在乡土展室，有关于农业灌溉、河流交通、染色工业、卡斯林台风的展示。昭和30年代的螺栓、螺母制造工厂和住宅也在这里被复原了。

地址：東京都葛飾区白鳥3-25-1

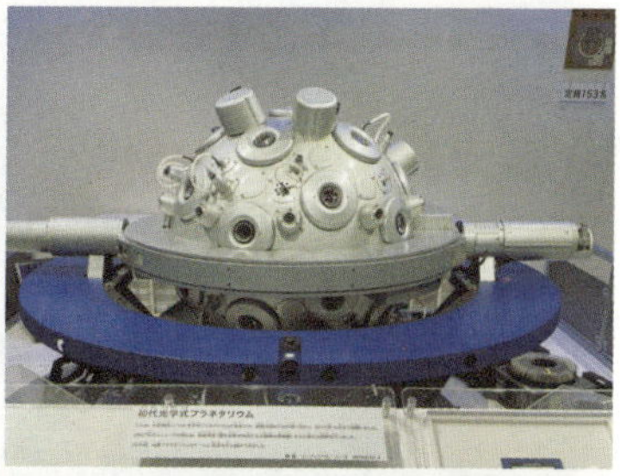

柴又 寅先生纪念馆

JINIANGUAN CHAIYOU YINXIANSHENG

"柴又 寅先生纪念馆"于1997年开馆。系列电影《寅次郎的故事》从1969年至1995年共有48部，一直到男主角寅次郎的饰演者渥美清离世，才不再拍摄。影片讲述的是一个热爱家乡却四处流浪，又四处失恋的浪子闲人寅次郎的故事，其中贯穿着日本美丽的自然和人文风光。馆内展示了大量拍摄时的影像资料、电影脚本和服装道具，依照昭和年代还原了很多复古又精致的影片场景。

地址：東京都葛飾区柴又 6-22-19

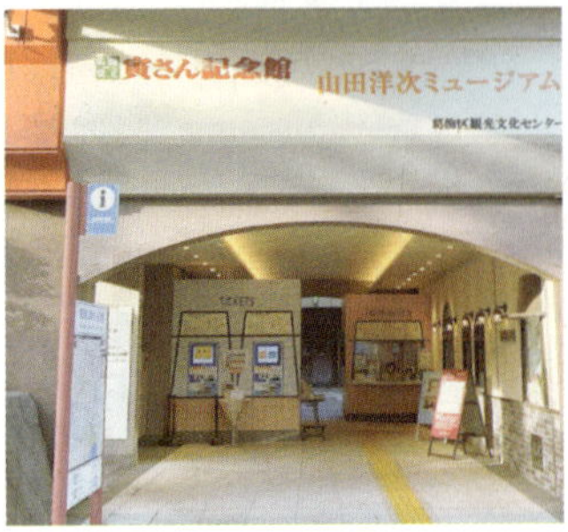

草だんご

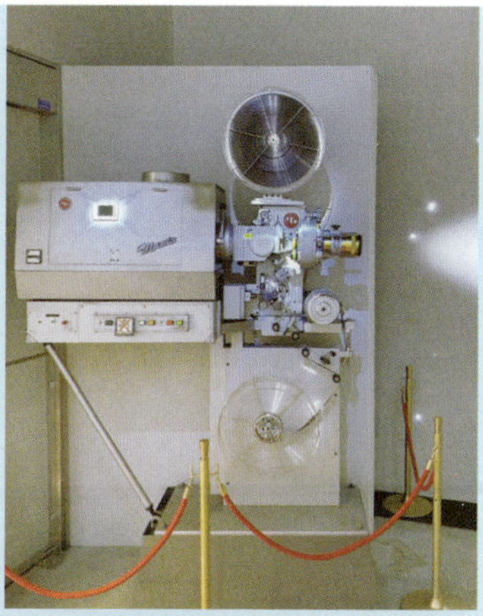

くるま菓子舗

帝释天参道商业街

SHANGYEJIE DISHITIANSHENDAO

“帝释天参道商业街”是从京成线柴又站到帝释天200米左右的街道。参道两侧，店铺数量有52家，绝大多数仍保留着旧时白墙黑瓦的模样。从电影《寅次郎的故事》取景的饺子店开始，有团子店、煎饼店、仙贝店、手工糖果店、河鱼料理店等。从江户时代开始的店铺一字排开，每家店都以不同特色的制作方法为荣，可以感受到门前町的风情。

地址：東京都葛飾区柴又7-6、7

柴又観光案内所

柴又観光案内所

丸仁

そば処

船橋屋

丸仁

寿

山本亭

SHANBENTING

“山本亭”建于1920年，是山本工厂创始人山本容之助的住宅，于1991年对外开放。山本亭是瓦葺屋顶两层木结构建筑，所有房间均隔着走廊与庭园相望。整个住宅包括2间转角房间在内共6间和室，设有壁龛、多宝阁、透光拉门和楣窗等，是传统的书院造风格建筑。它的庭园虽然占地不大，但却有池塘、假山和瀑布。2003年被指定为东京都历史建筑。

地址：東京都葛飾区柴又7-19-32

都立水元公园

DULI SHUIYUAN GONGYUAN

“都立水元公园”是东京都内唯一拥有水乡景观的公园，占地面积 76 万平方米。由于公园是沿着被称作“小合熘”的湖泊打造而成，形成了水乡景观。园内有白杨林、水杉林、榛树等水边生长很强的树木，堪称活化石的红杉树竟多达 1800 棵。还可以看到很多睡莲等水生植物，以及 100 余种 20 万株以上的花菖蒲。

地址：東京都葛飾区水元公園 3-2

柴又帝释天题经寺

CHAIYOUDISHI TIANTIJINGSI

“柴又帝释天题经寺”建于1629年，安置着日莲圣人亲自雕刻的帝释天板本尊。帝释天是佛教的守护神之一。寺内的建筑物大部分是明治时代之后建造的，由二天门、帝释堂、喜见城、本堂、大钟楼、邃溪园等组成。其中帝释天内殿墙上以法华经解说图为参考做成的10座浮雕，展现了佛陀的生涯和佛经，雕刻的面部细节令人叹为观止。这些雕刻由多名雕刻师制作，于1915年至1929年间完成。

地址：東京都葛飾区柴又 7-10-3

柴又帝释天题经寺·邃溪园

SUIXIYUAN

“邃溪园”位于柴又帝释天寺的院内深处，是将“大客殿”前庭改建而成的池泉回游式庭园。由造园师永井乐山（1880—1971）设计，前后耗费了近30年，直到1965年才完成。“邃溪园”面积为2000平方米，北侧有一半池泉，西北为筑山，东北部为中岛。从筑山顶部流淌的瀑布分两段落下，流路蜿蜒曲折。因为这个瀑布的幽邃风情，而将庭园命名为“邃溪园”。2016年被指定为东京都名胜。

地址：東京都葛飾区柴又7-10-3

14 江户川区

地下铁博物馆

DIXIATIEBOWUGUAN

“地下铁博物馆”于 1986 年开馆。馆内共分 7 个展区，各区的展示都带有故事性。展出的资料超过 600 件，包括东京地铁相关实物资料，以及搜索影像、模型、视频解说、展板及电车运行模拟器等。日本第一辆电车“丸之内线 301 号车”和日本首台地下铁“银座线 1001 号车”也在馆内陈列。

地址：東京都江戸川区東葛西 6-3-1 東京地下鉄東西線葛西駅高架下

江户川区立行船公园

XINGCHUANGONGYUAN JIANGHUCHUAN QULI

“江户川区立行船公园”是由当地居民、务农出生的东京府议员田中源，于 1933 年将土地捐赠给东京都后建成。为了感谢他，便借用了田中家的商号“行船”来为公园命名。50 年后，这座公园接管了江户川区的自然动物园。1989 年在公园的北侧兴建了“平成庭园”和日式建筑“源心庵”。

地址：東京都江戸川区北葛西 3-2-1

40th Anniversary

葛西临海公园

GEXILINHAIGONGYUAN

“葛西临海公园”是在荒川与旧江户川之间东西2千米的填筑地上建造的。园内面积约411公顷，于1989年开放。为了保护这里的海滩，园内设置了U字形导流堤，由“西沙滩”和“东沙滩”2个人工海滨组成。“西沙滩”可以观赏东京湾的风景。“东沙滩”则是鸟类保护区，禁止游客进入，但在浅滩上可以看到虾虎鱼和许多海鸟。

地址：東京都江戸川区臨海町6-2-1

葛西临海水族园

GEXILINHAISHUIZUYUAN

“葛西临海水族园”位于东京湾海滨，于1989年开园，由建筑师谷口吉生设计。馆内环境模拟东京都部分天然河川与湖泊，通过“大洋的航海者”“世界的海”“临海的生物”“企鹅生态区”“海藻之林”“东京的海”“海鸟的生态”七个主题展区，观赏到来自世界各地大约540种、6万个不同的淡水和海洋生物。

地址：東京都江戸川区臨海町6-2-3

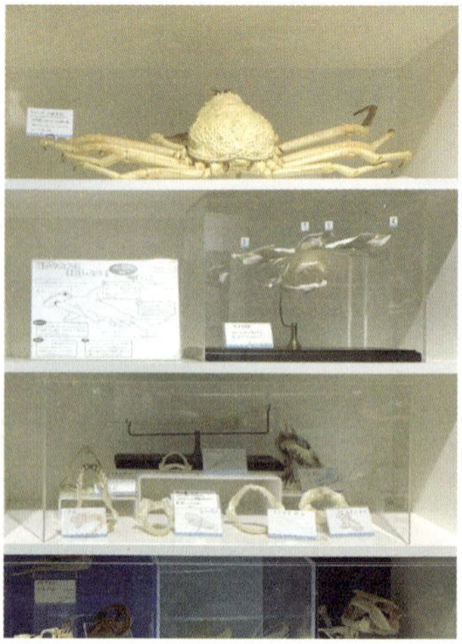

15 品川区

品川历史馆

PINCHUANLISHIGUAN

“品川历史馆”于 1985 年开馆，是昭和初期安田财阀成员安田善助建造的书院式宅邸，保留了茶室“松滴庵”和部分庭园原貌，包括一个名为“水琴窟”的特色设施。馆内展示了品川地区的历史，特别是蔬菜、海苔等主要产业的介绍，以及挖掘发现的古代集落遗迹大岛鹿遗址。还有 26 栋坑道建筑遗迹群和陶器、磨刀石等生活用品。

地址：東京都品川区大井 6-11-1

南极观测船『宗谷』号

『ZONGGU』HAO NANJIGUAN CECHUAN

南极观测船“宗谷”号是1938年作为耐冰型货船建造的，排水量3800吨。最初，它只是一艘商船，但随着历史的发展，它的用途不断改变，最终成为了南极观测船。“宗谷”号从1956年11月开始作为日本最初的“南极观测船”，共经历了6次赴南极观测考察。1978年退役后在“船之科学馆”前停泊并保存展示。沿着舷楼进入舱内，可以参观引擎室、操舵室、船长室、食堂、通信室、主机室、观测队员居住区等，全景体验这艘带有历史感的舰船。

地址：東京都品川区東八潮3-1

旧岛津家本邸

BENDI JIUDAOJINJIA

“旧岛津家本邸”建于1917年，是岛津忠重公爵的宅邸，由英国建筑师乔赛亚·康德设计，采用意大利文艺复兴时期的建筑风格，为砖造地上两层，地下一层，面积约280平方米。外观以古典样式为基调，内部装修是在近代西洋画家黑田清辉的指挥下完成，使用了大量的彩色玻璃，展现了旧大名家族本邸的样子。该建筑物已被指定为日本重要文化遗产，现作为清泉女子大学本馆使用。

地址：東京都品川区東五反田 3-6-21 · 清泉女子大学内

东京都立潮风公园

DONGJINGDULICHAOFENG GONGYUAN

“东京都立潮风公园”于 1974 年开园，占地约 15.5 万平方米，分为南北两个区域。水和绿色的长廊是公园南侧地区的主干道，连接着南中央出入口和喷泉广场。广场两侧种植着棕榈树，营造出南国的氛围。公园北侧有一个广阔开放的草坪广场，从“夕阳塔”到北中央出入口有街道和海洋长廊。2020 年东京奥运会期间，这里曾作为沙滩排球项目的比赛场地。

地址：東京都品川区東八潮 1 · 2 番

池田山公园

CHITIANSHAN GONGYUAN

“池田山公园”于1985年对外开放。公园所在地曾是江户时代冈山藩主池田家的宅邸，附近一带的高台被称为“池田山”。园内以池塘为中心，地势高低起伏，形成了一个池泉环游式庭园。公园内遍布着樱花、枫树、杜鹃花和绣球花等植物，在樱花盛开的春季和树叶变换的秋季尤其美丽。

地址：東京都品川区東五反田 5-4

御殿山庭园

YUDIANSHANTINGYUAN

“御殿山庭园”位于德川家康等历代将军喜爱的城南五山之一的“品川御殿山”之地。在江户时代，御殿山在众多浮世绘中被描绘成春季赏樱、秋季赏叶的名胜，这种氛围至今仍保留着。在约2000平方米的庭园中，春天有梅花和樱花，初夏有绣球花和梨花，秋天有枫叶和银杏叶，冬天有山茶花等四季美景。此外，还有由建筑师矶崎新设计的茶室“有时庵”。

地址：東京都品川区北品川 4-7-3

大井竞马场

DAJINGJINGMACHANG

“大井竞马场”始建于 1950 年，至今仍是东京都唯一的竞马场。1986 年开设了夜间竞马活动，人称“星空下的竞马场”。这一称号后来演变成了当前广为人知的名称 TCK（Tokyo City Keiba），即大井竞马场。场内的赛马集中区是供马儿比赛前散步的场所。在这里，人们能近距离观察参加下一场赛事的马匹状态。

地址：東京都品川区勝島 2-1-2

TCK
TWINKLE

GALLERY OF OWNER & STAR LIGHT

户越公园

HUYUE GONGYUAN

“户越公园”在江户时代初期的宽文年间（1661—1673）曾是熊本藩主细川家的下屋敷，后来经过修整成为细川家的户越宅邸并修建了池泉回游式庭园。1935 年作为东京都立公园开园。这是一个以山谷、瀑布和筑山的排列环绕池塘的步行花园，并保留了药医门（正门）和冠木门（东门）等大名花园的遗迹。园内种植了梅花、樱花、紫藤、杜鹃花、银杏等植物，一年四季都可以感受不同的庭园风景。

地址：東京都品川区豊町 2-1-30

山北の石

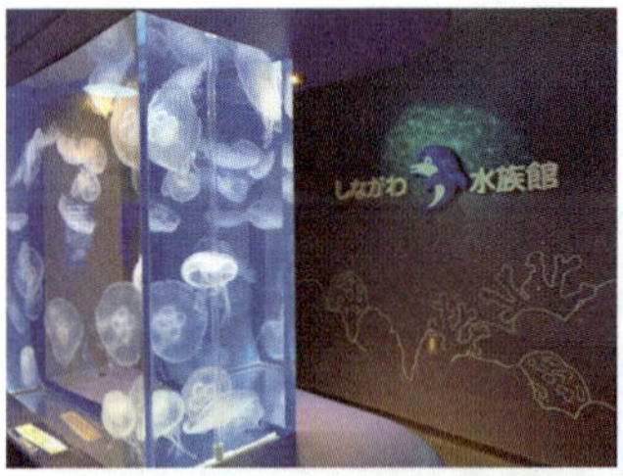

品川水族馆

PINCHUANSHUIZUGUAN

“品川水族馆”于1991年开馆。馆内以“接触大海与川流”为主题，展示约500种，1万只不同的海洋动物，可以欣赏和了解东京湾种类繁多的各种海洋生物。建筑物是地上两层、地下两层。一楼的“海面楼层”展示了东京湾的鱼和生物等，表演场地每天都举办海豚、海狮的表演。地下一层的“海底楼层”可以穿过22米长的巨大隧道水槽。别馆有“海豹馆”“休息所”“商店栋”。餐厅“海豚”是漂浮在水面上带露台的六角形建筑。

地址：東京都品川区勝島 2-1-2

16 目黑区

日本近代文学馆

RIBENJINDAIWENXUEGUAN

“日本近代文学馆”于 1967 年对外开放。馆内藏有超过 150 位日本当代作家的数十万图书、信件、杂志、日记、影像和手稿，供人们参观阅览。可以查阅与夏目漱石、芥川龙之介、川端康成等作家相关的记录文件。这些珍贵的文献资料不仅包括文学作品，还涵盖了艺术、哲学、社会科学等多个领域，为研究者提供了丰富的资源。

地址：東京都目黒区駒場 4-3-55

展示室
展示室は2階です

三島由紀夫
2024年11月30日
~2025年2月8日
日本近代文学館

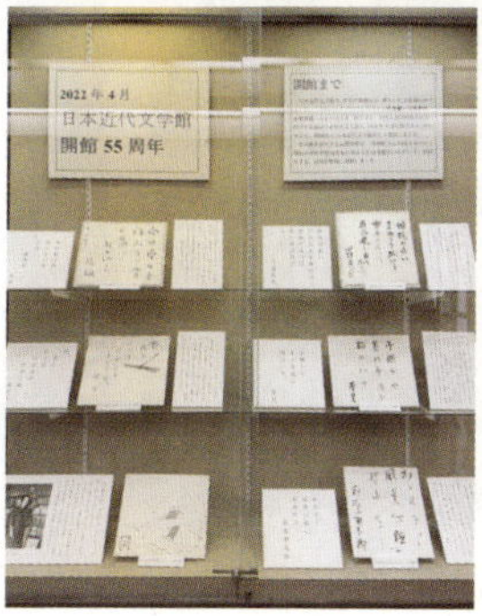
2022年4月
日本近代文学館
開館55周年
開館まで

日本民艺馆

RIBENMINYIGUAN

“日本民艺馆”是民艺运动的倡导者柳宗悦于1936年创立，由本馆、新馆和西馆组成。本馆是木质两层瓦屋顶的藏造风建筑，一楼外墙贴有大谷石，二楼是白墙。本馆后面建有钢筋混凝土造的新馆，于1983年竣工。本馆和新馆在内部相连，形成了一体的空间。收藏品有约1.7万件来自日本、朝鲜和中国的手工艺品，包括绘画、陶瓷、漆器、染织品等。

地址：東京都目黒区駒場4-3-33

柳宗悦故居

LIUZONGYUEGUJU

“柳宗悦故居”作为日本民艺馆的西馆，建在本馆的道路对面。它由从栃木县移建的石屋顶长屋门和附属的主屋组成，于1935年完工，是一栋新旧文化兼容的木造建筑，内部完整保留了日式庭园与书房。被誉为“日本民艺之父”的柳宗悦（1889—1961）在72岁去世之前，一直生活在这栋建筑里。

地址：東京都目黒区駒場 4-3-33

东京都写真美术馆

MEISHUGUAN
DONGJINGDU XIEZHEN

“东京都摄影美术馆”于 1990 年开馆。作为展览设施，有三层、二层和地下一层 3 个展厅，设有介绍从 3.7 万件藏品中挑选出来的作品，以及从独特的角度介绍国内外作品的特别企划展。除了每年举办 20 个不同的展览外，还举办影像和艺术的国际庆典“惠比寿影像节”。在四层图书室，收藏了 3.65 万本图书、1400 种杂志。

地址：東京都目黒区三田 1-13-3

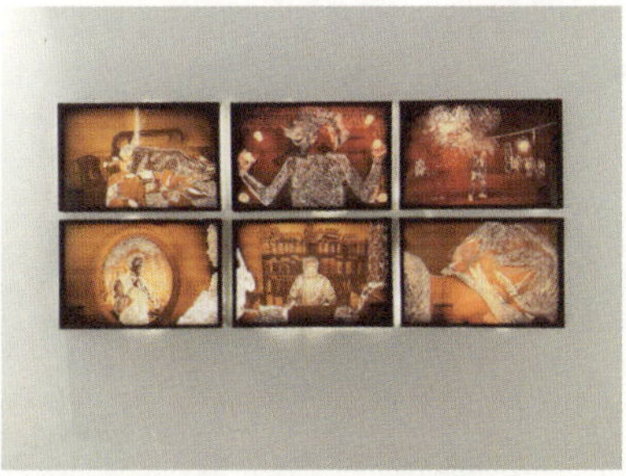

现代雕塑美术馆

MEISHUGUAN XIANDAI DIAOSU

“现代雕塑美术馆”于1982年建成，分为室内和室外两个部分。本馆建筑由初代馆长渡边泰裕设计，以六角形为基调，像蜂巢一样，每个房间都被隔开，陈列着50多位雕塑家的作品。一楼以人物形象为中心，二楼的作品有很多抽象的风格特征。主楼之外的4个户外展区，约有150件作品，其中大部分是人体和头像的雕塑。

地址：東京都目黒区中目黒 4-12-18

宫野古民家自然园

ZIRANYUAN
GONGYEGUMINJIA

“宫野古民家自然园”建于1789年以前，后于家运兴盛期（1838—1915）进行了改建。主屋把茅草屋顶改成了铜板屋顶。支撑主屋顶的大梁柱和切出的弯曲梁子等，不使用任何钉子而嵌入。没有缝隙的走廊和主屋座席的板隔扇，均采用无缝的一张木板制成，保障了防风、防音、温度调节等功能。宅邸前的几十种常绿树种，构成了江户时代后期古民家保留最完好的绿色景观之一。

地址：東京都目黒区原町 2-5-8

SINGER

雅叙园百段阶梯

YAXUYUANBAIDUAN JIETI

“雅叙园 百段阶梯”位于东京雅叙园酒店 3 号馆内，是 1935 年以来日本现存的唯一木造建筑。这座建筑由 7 间装饰豪华的宴会厅和 99 段长长的楼梯走廊连接而成，每个房间的设计各有特色，天花板和栏杆上描绘了由当时著名画家创作的美丽世界。这些房间的主题各异，通过楼梯相连，形成了一个既复杂又和谐的空间布局。该建筑于 2009 年被指定为东京都有形文化遗产。

地址：東京都目黒区下目黒 1-8-1

目黑川

MUHEICHUAN

“目黑川”是东京著名的赏樱胜地，长约 8 千米，横跨高级住宅区和繁华街道，从世田谷区的武藏野台地流经目黑区、品川区，在天王洲流入东京湾。目黑川的樱花季节通常在 3 月末至 4 月初，此时河两侧的 800 多株樱花一同绽放，交相辉映，遮挡住了天空，形成一条花之走廊。河岸两边有许多小吃和店铺，是一个适合休闲散步的地方。

地址：東京都目黒区東山 3-1 付近から下目黒 2-9

目黑区立菅刈公园

GONGYUAN MUHEIQULI QIANYI

“目黑区立菅刈公园”所在地曾经是江户时代丰后冈藩的私家庭园，被称为“荒城之月”。之后，主人对庭院、池塘、瀑布和大草坪等进行了大规模改造，被称为“东都第一名园”。园内设有草坪的广场、儿童游乐场、斜坡绿地的区域，在复原庭园的旁边设置了展示室、日式房间、庭园展望室和日式和馆。

地址：東京都目黒区青葉台 2-11-25

天主教碑文谷教会

JIAOHUI
TIANZHUJIAO BEIWENGU

“天主教碑文谷教会”于 1954 年由慈幼会建立。慈幼会是基督教天主教的男子修会，19 世纪由意大利神父圣约翰·博斯科（1815—1888）创立。碑文谷教会拥有 36 米高的钟楼，罗马式白色基调的外观，建筑面积为 752 平方米，平时可坐 400 人左右。其穹顶绘画美到令人窒息，耗时 3 年完成。

地址：東京都目黒区碑文谷 1-26-24

17 大田区

昭和生活博物馆

ZHAOHE SHENGHUO BOWUGUAN

“昭和生活博物馆”建于1951年，是两层木质建筑，原本是建筑工程师小泉孝的自宅。1999年对外开放。现任馆长小泉和子是生活史研究者，她公开了自己和家人生活了45年的平民百姓住宅，展示了昭和时期的家庭用品和百姓生活场景。一楼是书房兼客厅、茶室和厨房；二楼由儿童房、二女儿小泉知代纪念室组成。该建筑于2002年被指定为日本有形文化遗产。

地址：東京都大田区南久が原 2-26-19

登録有形文化財

熊谷恒子纪念馆

XIONGGUHENGZI JINIANGUAN

“熊谷恒子纪念馆”是昭和时期活跃的女性书法家熊谷恒子（1893—1986）的住宅，于1990年开馆。纪念馆保留了1936年建造的自家氛围，藏品约170件，可以看到熊谷恒子的书房、爱用品和优美的书法作品。精心打理的日式庭园也很漂亮，这里还定期举办画廊谈话等活动。

地址：東京都大田区南馬込 4-5-15

大森海苔故乡馆

DASENHAITAI GUXIANGGUAN

“大森海苔故乡馆”建于2008年，是展示海苔历史和制作技术的场所。该地区在江户时代以海苔养殖而闻名，酥脆的海苔主要用于饭团和寿司卷。一楼有昭和30年代制造的最后一艘海苔船；二楼摆放着用于养殖海苔的各种道具和衣服，可以穿着竹马状的海苔木屐站在操作台上体验制作过程。

地址：東京都大田区平和の森公園 2-2

大森故乡的海滨公园

DASENGUXIANG DE HAIBIN GONGYUAN

“大森故乡的海滨公园”于2007年开园，是一个填埋了大田区内流淌的内川河口部分而建的景点。园内分为“故乡广场”和“白沙海滩”两个区域。除了有钓鱼场、人工沙滩、故乡广场、海边自然广场、五人制足球场、沙滩排球场等以外，还有全长30米的滚轮滑梯。

地址：東京都大田区ふるさとの浜辺公園 1-1

池上梅园

CHISHANG MEIYUAN

“池上梅园”是一个以梅花为主题的园林。园内种植了 30 多种梅花，总数近 400 株，包括粉红、桃红、白色等多种颜色。除了梅花，园内还有一部分原本是大正时期建筑师川尻善治的旧宅，现已改造成茶室“清月庵”和“听雨庵”，茶室外的雪吊奇松与怪石灯笼在阳光照射下显得古意盎然。

地址：東京都大田区池上 2-2-13

洗足池公园

XIZUCHI GONGYUAN

“洗足池公园”以其广阔的淡水池和丰富的景观而闻名。园内有池月桥、水生植物园和船码头，构成了东京都内首屈一指的淡水池塘景观。江户时代，这里的美景被浮世绘画家歌川广重相中，并将其入画，成为现在可见的作品“名所江户百景”。公园内有一座深入池中的小岛，上面建有一个袖珍神社，神社的鸟居也是标志性景观。北面名为樱广场的山坡，种满了樱花树，成为赏樱胜地。

地址：東京都大田区南千束 2-14-5

多摩川台公园

DUOMOCHUANTAI GONGYUAN

“多摩川台公园”于 1953 年开园。多摩川台公园沿着多摩川的丘陵地带展开，总长约 750 米。园内有自然林道、多摩川台古坟群、八景观景台、水生植物园、四季植物园、绣球花园等。其中，绣球花园种植着约 3000 棵不同类型的紫阳花，每年 6 月是最佳观赏期。公园内散布着从 4 世纪后半期到 7 世纪中期的古坟，龟甲山古坟已被指定为日本的国家史迹。在古坟展示室，还陈列着出土的武器、埴轮等遗物的复制品。

地址：東京都大田区田園調布 1-63-1

国指定史跡亀甲山古墳

东京港野鸟公园

DONGJING GANGYENIAO GONGYUAN

“东京港野鸟公园”是在东京湾填海造陆的土地上建成的都立公园，面积约36公顷，于1978年开园。园内拥有丰富多样的自然生态环境，有与大海相通的潮入之池（一种与大海相通的水池）、淡水池塘、溪流以及森林，全年都能观察到约120种野生鸟类。公园里的几处观察小屋，都可以近距离观察野鸟。除野鸟外，还能看到许多水边生物及昆虫。园区内设有自然中心观察大厅，厅内设有望远镜等设备。从大厅的观景窗可以欣赏野鸟在湿地环境中的自然生态。

地址：東京都大田区東海 3-1

平和岛赛艇竞技场

PINGHEDAO SAITING JINGJICHANG

“平和岛赛艇竞技场”是日本著名的海水赛艇竞技场，也是日本独家发明的马达快艇竞速比赛项目。每场赛事共有白、黑、红、蓝、黄、绿六组参赛者，每个颜色依顺序代表 1 号到 6 号，6 艘小型单人摩托艇在每周 600 米的赛道上逆时针绕行三圈争夺最快到达终点者。观赛过程中，观众可以通过下注参与，最低下注金额仅为 100 日元。1952 年，从长崎开始举办竞艇比赛，迄今已有 70 年的历史。

地址：東京都大田区平和岛 1-1-1

孝養の像への讃歌
笹川良一作
母背おい宮の
きざはしかぞえても
かぞえつくせぬ
母の恩愛

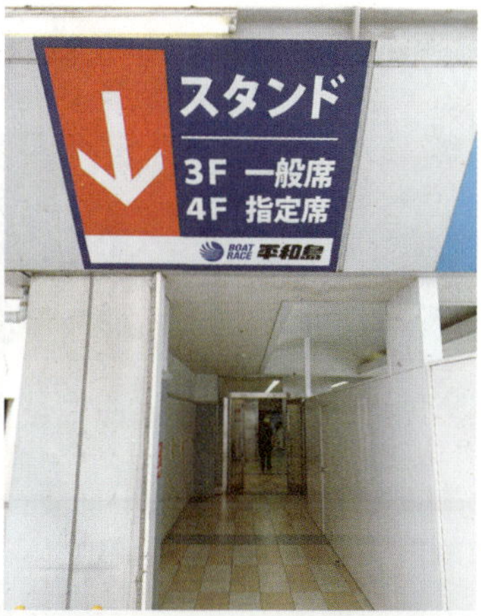
スタンド
3F 一般席
4F 指定席
BOAT RACE 平和島

大田区立平和之森公园

DATIANQU LIPINGHE ZHISEN GONGYUAN

“大田区立平和之森公园”是一座填埋平和岛运河所打造的公园，也是大田区面积最大的区立公园。公园内有广场、水池、网球场、弓道场、射箭场等运动设施，是东京 23 区唯一获得运动场协会认可的运动场公园。园内建有 40 多种户外游乐设施，以及知名的地标“平和广场”。整个公园被各种植物围绕，绿意盎然。春季可赏梅赏樱，梅雨季尾声之际还能赏莲，秋季则有金黄银杏，适合全家一起休闲运动。

地址：东京都大田区平和の森公園 2-1

弓道場 アーチェリー場

本门寺

BENMENSI

“本门寺”又称为“池上本门寺”，为日本日莲宗四大本山之一，创建于1291年，是日莲圣人圆寂的圣地，至今仍有大量信众来访。穿过正门，由江户时代初期的武将加藤清正捐赠的96级台阶跃然眼前。登上台阶，就能从高台上俯视整个池上地区。这里有最古老的五重塔、钟楼、藏经阁、多宝塔、大堂等建筑。墓地里长眠着力道山等知名人士。

地址：東京都大田区池上 1-1-1

18 练马区

牧野纪念庭园

MUYE JINIAN TINGYUAN

“牧野纪念庭园”在世界著名植物学家牧野富太郎（1862—1957）居住的遗址上建成，于1958年开放。牧野富太郎从1926年至1957年一直居住在这里，他将庭园作为“我们的植物园”，种植了约300种草木类植物。他一生采集标本约40万份，代表作《牧野日本植物图鉴》（1940）至今反复修订。庭园内的“牧野纪念馆”展示了牧野博士喜爱的采集工具和绘画工具，以及他所写的书籍和绘制的植物图等。

地址：東京都練馬区東大泉6-34-4

ねりまの名木

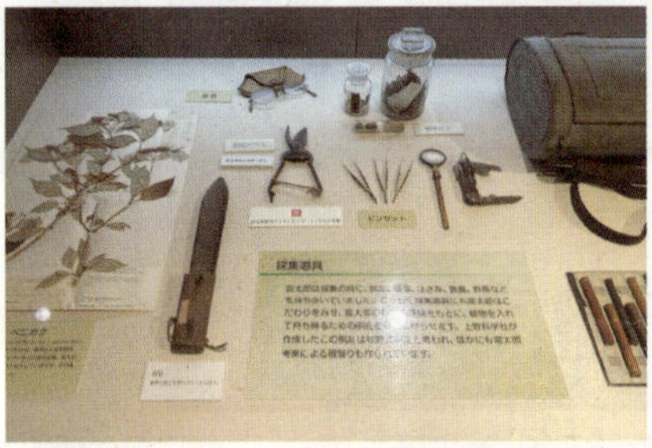

繇條書屋

幕末の時代
The Late Edo Period

千寻美术馆

QIANXUN MEISHUGUAN

“千寻美术馆”是在绘本画家岩崎千寻居住了 22 年的工作室兼住宅遗址上建造，于 1977 年开馆。岩崎千寻（1918—1974）以“孩子的幸福与和平”为主题，创作了许多绘本、插图、图片故事剧等作品，代表作有《洗澡吧》《糖日之春》等。馆内不定期展出水彩画、粉彩画、油彩画等绘本原画约 8000 件，收藏有世界绘本画家的作品约 9000 件。

地址：東京都練馬区下石神井 4-7-2

石神井公园

SHISHENJING GONGYUAN

“石神井公园”是以三宝寺池和石神井池为中心的都立公园。园区内依旧保留着武藏野地区的自然风光，以及石神井城堡旧址和与之相关的几处遗迹。此外，已被指定为国家天然纪念物的三宝池沼泽植物群落，保留着非常原始的自然景观。公园内还是赏樱名所，种植有染井吉野樱和山樱等 240 多株。

地址：東京都練馬区石神井台 1-26-1

光之丘公园

GUANGZHIQIU GONGYUAN

“光之丘公园”是东京都内面积较大的公园之一，拥有 6 公顷的大型草坪广场，整个广场是一座地势平缓的山丘。园区内种植有 1000 株樱花树，到了春天可以欣赏到樱花盛开的美景。公园内还有一条有 40 株巨大树木整齐排列的“银杏并木”步道。这些银杏树的树龄都超过 100 年。当深秋时节树叶转黄后，银杏并木就会变成一条美丽的金色隧道。公园内不仅有棒球场、网球场和田径运动场等体育设施，还有设置了许多游乐设施的儿童广场，以及野鸟保护区。

地址：東京都練馬区光が丘 4 丁目

练马区立池渊遗址公园

YIZHI GONGYUAN LIANMAQU LICHIYUAN

“练马区立池渊遗址公园”毗邻东京都练马区石神井公园，是池渊遗址所在的地方，于1956年在该地区发掘出绳文、弥生时代的坑洞住宅遗迹和中世纪沟渠遗迹等16处。填补并整理了那些遗址后，于2010年作为史迹公园开园。园内还放置了坑洞住宅遗迹以及庚申塔和马头观音等江户时代的石造物。另外，作为室外展示，搬迁复原了茅草屋顶的老民居“旧内田家住宅”。

地址：東京都練马区石神井町5-13

东京哈利·波特影城

DONGJING HALIBOTE YINGCHENG

“东京哈利·波特影城”是继英国伦敦之后世界第二座哈利·波特主题乐园，也是世界最大规模的哈利·波特室内设施，于2023年6月16日开幕。影城占地面积约9万平方米，共设14个园区。这是一个让人仿佛置身于《哈利·波特》电影世界中的神奇地方。影城里不仅详细解密了电影制作背后的故事，还提供了丰富的互动体验，让游客仿佛成为电影中的一部分。这里拥有世界最大的哈利·波特商店，并将商店设计成14个主题，将“蜂蜜公爵”“奥利凡德先生的店”“华丽与污痕书店”等电影场景中出现过的店铺再现，让大家能一边参观、一边开心购物。

地址：東京都練馬区春日町 1-1-7

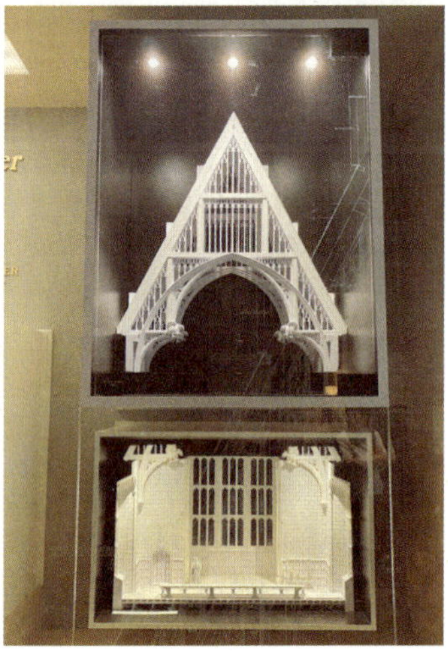

霍格沃茨大礼堂

HUOGEWOCI DALITANG

推开霍格沃茨大门，第一个映入眼帘的场景就是哈利·波特第一集最华丽的场景——“霍格沃茨大礼堂”。这里还原了拍片时整个餐厅的样貌，包括两侧的石像、长长的四大学院餐桌，以及四个学院的服饰展示。这个礼堂是在英国精心打造完成后拆除，再一件件经长途跋涉运送到日本的。在这里，还高度复刻了电影中的“移动楼梯”，这也是目前全球唯一一架能够真实移动的楼梯。

地址：東京都練馬区春日町 1-1-7

格兰芬多公共休息室

XIUXISHI GELANFENDUOGONGGONG

“格兰芬多公共休息室”是哈利·波特人生中第一次体验到“家的感觉”的地方。因此，为了营造家的氛围，制作团队特意放置了做旧的家具，给人一种温暖熟悉的感觉。男生宿舍是哈利和罗恩畅谈心事的地方，各自的床边都放着独具个性的私人物品。他们睡的正是儿童床，看起来小巧可爱，让人很容易回到那段看着哈利·波特长大的童年。

地址：東京都練馬区春日町 1-1-7

斜角巷

XIEJIAOXIANG

“斜角巷”是号称可以满足任何巫师或女巫需求、想买什么东西都能找到的地方，从系列电影第一部便出现了，参观者可以欣赏到斜角巷白天与黑夜的街道风景。这里有妖精管理的“古灵阁银行”；放置了超过 1.7 万个魔杖箱的老店铺“奥利凡德魔杖店”；弗雷和乔治开设的“卫氏巫师法宝店”，还有从远处就能看到的“卫氏巫师法宝店”巨型移动式人偶看板。

地址：東京都練馬区春日町 1-1-7

9¾ 站台

ZHANTAI
JIUYOUSIFENZHISAN

“9¾ 站台”是《哈利·波特》系列中最经典的场景之一，学生们需穿过月台，才能搭乘霍格华兹特快列车，前往魔法学校。最特别的是列车实际上是诞生于 1929 年、运行超过 35 年的蒸汽火车“Dumbleton Hall 号”，在英国翻新整修后，原装送到了园区。在这里可以模仿巫师、女巫，做出把推车推进墙壁里的经典动作，也可以进入列车内参观。车内的每个乘客包厢，都能看见系列电影中的经典场景。

地址：東京都練馬区春日町 1-1-7

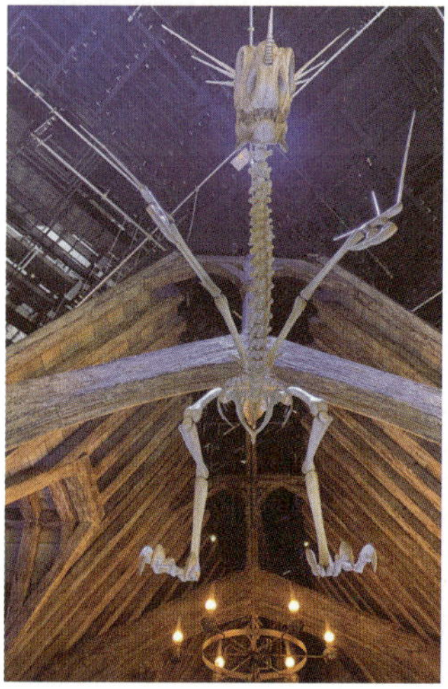

禁忌森林

JINJI SENLIN

“禁忌森林”是电影中多次出现的黑暗森林，除了有巨大蜘蛛阿拉戈克，还有海格偷偷饲养的鹰头马身有翼兽“巴克比克”。这个场景被设计成从外面看起来像一个普通的森林，随着你走得越远，它就变得越吓人、越神奇。穿越森林，可以看到电影中的关键时刻，包括海格与巴克比克一起上的第一堂神奇动物保护课。

地址：東京都練馬区春日町 1-1-7

伦敦魔法部

LUNDUN MOFABU

“伦敦魔法部”这个场景只有在东京才能看到。这座占地面积900平方米、挑高10米的巨型又魔幻的空间，由红色与绿色瓷砖组成，空间中央矗立着刻有“魔法即是力量”字样的纪念碑，令人一踏入其中就感受到满满魄力。进入魔法部时，真的会像电影场景一样，伴随着闪光与烟雾的特效。

地址：東京都練馬区春日町 1-1-7

水蜡树街4号

SHUILASHUJIE SIHAO

“水蜡树街 4 号”是德思礼一家居住的地方。在哈利·波特进入魔法学校前，一直都住在楼梯下的储物间。客厅重现了第一部电影中一大群会飞的入学通知信冲进德思礼家漫天飞舞的画面，以及第三部电影《阿兹卡班的逃犯》中，玛姬姑姑不小心被哈利变成膨胀气球的场景。在屋子外，还停放着电影中的“飞天汽车”“骑士巴士”。国际象棋棋子也被高度还原。在世界最大的“奶油啤酒酒吧”，可以品尝一杯无酒精奶油啤酒。

地址：東京都練馬区春日町 1-1-7

可移动的肖像画

XIAOXIANGHUA KEYIDONG DE

在这个区域，每一个人都可以成为优秀的魔法师。参加“黑魔法防御课”学习魔法。从魔法部顺路而走，就能抵达电影的绿幕体验环节。骑上飞天扫帚，在伦敦的街道和霍格沃茨城堡飞翔。或者参加魁地奇比赛，和哈利同框。

地址：東京都練馬区春日町 1-1-7

霍格沃茨城堡

HUOGEWOCI CHENGBAO

“霍格沃茨城堡”是《哈利·波特》电影中最重要的场景之一。城堡模型来源于第一部电影《哈利·波特与魔法石》，由 86 位师傅倾注全力制作，完成了洋溢着真实感的场景。从道具展示厅穿过，便进入模型空间，展示间设计成刚好能让参观者绕完一周，同时也能观赏白天与夜晚不同风格的城堡风景。

地址：東京都練馬区春日町 1-1-7

19 中野区

哲学堂公园

ZHEXUETANG GONGYUAN

“哲学堂公园”建于 1904 年，由东洋大学创始人、哲学家井上圆了（1858—1919）建造，最初作为纪念苏格拉底、康德、孔子、释迦牟尼的“四圣堂”而建。由于四圣堂也被称为哲学堂，因此公园便以此命名。园内的地名如进化沟、主观亭、哲理门、宇宙馆、理想桥等，都是用当时日本翻译西方科学、艺术、哲学等领域的字词来命名的，非常罕见地将哲学的世界呈现于视觉的表现，是一个前所未有的个性公园。2020 年，公园被指定为日本国家名胜。

地址：東京都中野区松が丘 1-34-28

20 杉并区

杉并区立乡土博物馆

BOWUGUAN SHANBINGQULIXIANGTU

“杉并区立乡土博物馆”于1989年开馆。“长屋门”位于本馆入口处，是江户时代末期旧井口家住宅的建筑物。长屋门左边的藏屋里展示着有关养蚕业的织机等。在常设展室“原始古代”，可以看到从区内各个遗迹中发掘出来的陶器和石器，包括农家传统的生活用品，如木门、桌椅、纺线机、油灯等。馆内的古民家“旧筱崎家住宅”是江户时代宽政年间（1789—1800）的建筑物，内部再现了围炉、土间、火炉等以前的农舍生活方式及工具。

地址：東京都杉並区大宮 1-20-8

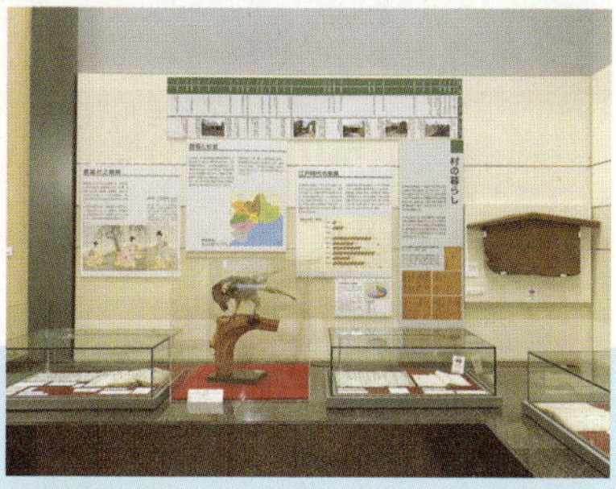
村の暮らし

近代化と人々のくらし

大田黑元雄纪念馆

JINIANGUAN DATIANHEIYUANXIONG

“大田黑元雄纪念馆”于 1933 年由日本音乐评论家大田黑元雄的故居改建而成。大田黑元雄（1893—1979）出生于东京，在他 86 岁去世之前，在这里度过了近半个世纪。馆内珍藏着德国造施坦威（STEINWAY）钢琴。在装饰着唱片、乐谱、演奏节目的架子上，展示着大田黑元雄的照片和相关物品。纪念馆于 2016 年被指定为日本有形文化遗产。

地址：東京都杉並区荻窪 3-33-12

大田黑公园

DATIANHEIGONGYUAN

“大田黑公园”原本是音乐评论家大田黑元雄的私人宅邸，后来被改建成公园，于 1981 年开放。园内有树龄超过百年的银杏树，还有杉树、黑松、红松、紫杉等。每到秋季，五彩斑斓的红枫使这里成为东京都观赏红叶的名所之一。公园内还有回游式日本庭园、休息室、茶室和纪念馆。

地址：東京都杉並区荻窪 3-33-12

善福寺公园

SHANFUSIGONGYUAN

“善福寺公园”是以善福寺池为中心的都立公园，于1961年开园。蜿蜒狭长的公园里，在北边和南边各有一个池塘，称为上池和下池。善福寺池自古以来就是武藏野台地的泉水池，与井之头恩赐公园里的井之头池、石神井公园里的三宝寺池并列为武藏野三大泉水池。园内有迟井瀑布和杂树木，野鸟和花草也很丰富，是东京都内为数不多自然资源丰富的公园。

地址：東京都杉並区善福寺2·3丁目

角川庭园

JIAOCHUANTINGYUAN

“角川庭园”是日本文学研究者、角川书店创始人角川源义的旧宅，于2005年向公众开放。庭园内保持着野趣丰富与俳句相符的布局，有百日红、梅子、樱花等四季各异的树木和草花。于1955年竣工的书房，被命名为“幻戏山房”杉奈美诗歌馆。除了展示与角川源义有渊源的物品和俳句等之外，还设有诗歌室、茶室。该庭园于2009年被指定为日本有形文化遗产。

地址：東京都杉並区荻窪 3-14-22

21 世田谷区

食与农博物馆

SHI YU NONG BOWUGUAN

“食与农博物馆”是东京农业大学的附属博物馆，于 2004 年正式开放。馆内二楼的常设展，有 3600 多件日本传统农具，以及昭和 30 年代传统农家生活图景的农屋复原展示。此外，还展示了 120 多件鸡的标本以及许多酒器、酿造工具、与日本酒历史有关的浮世绘等。在温室“生物园”中，展示了以马达加斯加为中心收集的珍贵动植物。博物馆由建筑师隈研吾设计，外墙采用芦野石制建造，竖百叶窗的设计独具特色，与周围环境和谐融合。

地址：東京都世田谷区上用賀 2-4-28

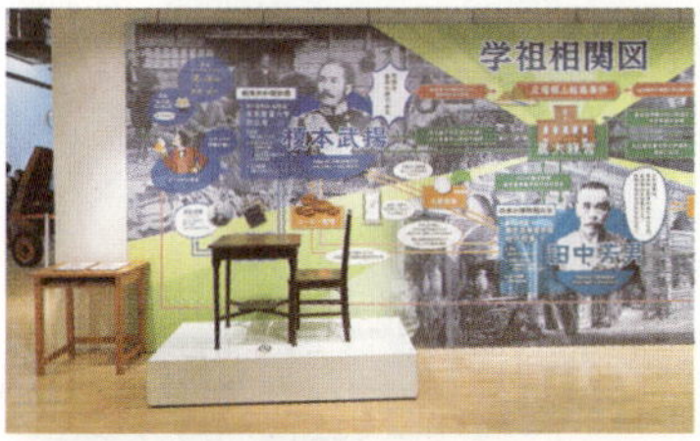
学祖相関図

贺川丰彦纪念 松泽资料馆

HECHUANFENGYANJINIAN SONGZEZILIAOGUAN

“贺川丰彦纪念 松泽资料馆”是为纪念社会活动家贺川丰彦的人生与事业而设立的。贺川丰彦（1888—1960）将一生都奉献给了工会运动、农民运动和合作社运动。他一生著作甚多，其中包括自传体小说《黎明之前》。资料馆展示了他著作的各种文字版本，包括中文著作近10种，以及他所有藏书和私人档案、日记、原稿、书信和文件。

地址：東京都世田谷区上北沢3-8-19

愛と協同に生きた
賀川豊彦の足跡を伝える

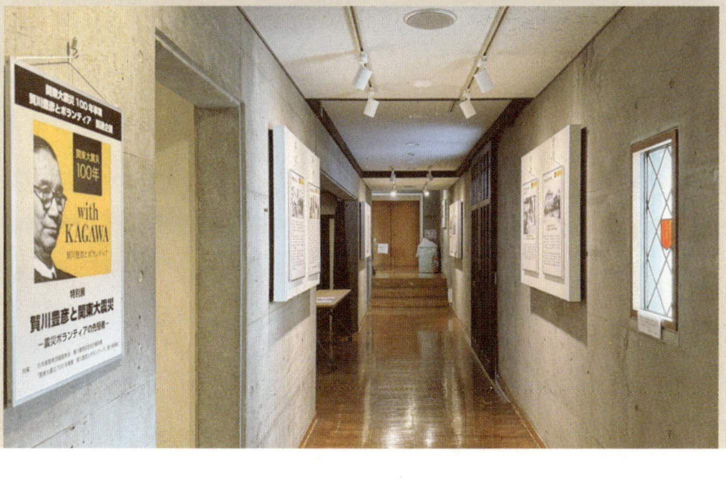
関東大震災
100年
with
KAGAWA
特別展
賀川豊彦と関東大震災
—震災ボランティアの先駆者—

长谷川町子美术馆

CHANGGUCHUANTINGZI MEISHUGUAN

“长谷川町子美术馆”于1985年开馆，是由被称为“海螺小姐”的漫画家长谷川町子（1920—1992）和她的妹妹长谷川毬子（1917—2012）创建的私人美术馆。馆内收藏有日本画311幅、西洋画250幅、工艺品195幅、雕塑32件。此外，还有原创漫画、水彩画、陶艺作品以及海螺小姐的动画片段。从樱新町站到美术馆的街道被称为“海螺小姐大街”，路边排列着海螺一家的青铜雕像。

地址：東京都世田谷区桜新町 1-30-6

長谷川町子生誕百年記念展
2020年 7月11日(土)－9月27日(日)
長谷川町子美術館
収蔵コレクション展
「長谷川町子が愛したものたち」
長谷川町子記念館
企画展 長谷川町子生誕百年記念
「長谷川町子の漫画創作秘話」

砧公园

ZHENGONGYUAN

“砧公园”是于1957年开园的都立公园，占地约39万平方米，以其丰富的植被和美丽的景色而闻名。“二战”前这里曾是防空绿地，“二战”后成为都营高尔夫球场。园内有1300多棵樱花树和宽阔的草坪。因为有经流多摩川的支流谷户川，而设有吊桥。由于吸引了大量野鸟前来，因此这里也是著名的野鸟保护区。

地址：東京都世田谷区砧公園 1-1

きぬた公園

世田谷美术馆

SHITIANGUMEISHUGUAN

“世田谷美术馆”位于砧公园一角，于1986年开馆，由建筑师内井昭藏（1933—2002）设计。该建筑为地下一层、地上两层，其有机平面嵌入公园的高大树木中，并因其独特的细节设计而受到高度赞誉。美术馆自成立以来一直收藏未接受过正规艺术教育的非专业人士作品，被称为朴素艺术或局外人艺术。馆内藏品超过1.6万件。除了展室之外，美术馆还有餐厅、咖啡厅、博物馆商店、图书馆等设施。

地址：東京都世田谷区世田谷 1-29-18

HAPPY BIRTHDAY!
出版12

芦花恒春园

LUHUAHENGCHUNYUAN

“芦花恒春园”是大文豪德富芦花的旧宅，德富芦花逝世后，被捐赠给东京都作为留下武藏野影子的公园向公众开放。德富芦花（1868—1927）是日本明治、大正时期的小说家、散文家，他以畅销小说《不如归》和描写自然的散文《自然与人生》而闻名。他的文学作品剖析和鞭笞了当时社会的黑暗，成为对国民实行美感教育的良好教材。园内有纪念馆和故居等，可以瞥见以晴耕雨读为宗旨的芦花晚年生活。

地址：東京都世田谷区粕谷 1-20-1

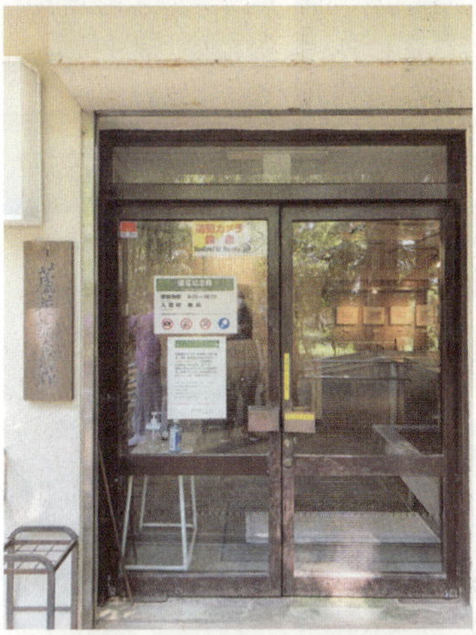

次大夫堀公园民家园

MINJIAYUAN CIDAFUKUGONGYUAN

“次大夫堀公园民家园”于1988年开园。园内有旧安藤家住宅主屋及内室，以及旧秋山家住宅土藏等江户时代的建筑。园中还复原了名主屋敷、两栋民房、表门、消防小屋等。“次大夫堀”是指由江户幕府代官小泉次大夫指挥开发的农业用水项目，从1597年开始，经过15年的时间完成。此外，还有锻冶展示小屋、印染展示小房，重现了该地区曾经的工匠技艺。

地址：東京都世田谷区喜多見5-27-14

冈本公园民家园

MINJIAYUAN GANGBEN GONGYUAN

“冈本公园民家园”位于国分寺崖线的山崖上。古代的民房搬迁到这里，重现了江户时代后期典型的农家住宅。主要建筑有茅草屋顶的旧长崎家住宅主屋、白壁土藏的旧浦野家住宅土藏，以及1924年建造的旧横尾家住宅木门，以“活生生的古民家”为主题对公众开放。展示了江户时代农民生活的场景，包括燃起的炉火、田间劳动的工具和灶头，令人体验到时光倒流的感觉。

地址：東京都世田谷区世田谷 4-21-27

静嘉堂文库

JINGJIATANGWENKU

“静嘉堂文库”由三菱财阀第二代总裁岩崎弥之助筹建，其子岩崎小弥太时期完成。藏书数量约为 20 万册，包括汉籍 12 万册和日本古籍 8 万册，此外还有 6000 多件中国、日本的古代美术作品。其中有许多被指定为日本的国宝或重点保护文物。静嘉堂文库建于 1924 年，由建筑师樱井小太郎（1870—1953）设计，外观采用了当时时髦的刮痕瓷砖墙面，体现了浓厚的英国郊外住宅风格。该建筑现已被选定为东京都历史建筑物。

地址：東京都世田谷区岡本 2-23-1

旧小坂家住宅

JIUXIAOBANJIAZHUZHAI

“旧小坂家住宅”是历任众议院议员小坂顺造的宅邸，建于1937年。这座别邸是木制和式风格的平房建筑，由两层西式卧室楼、日式主屋楼和山间小屋书房楼构成。住宅建在了台地上，每幢楼都可以看到国分寺崖线的景色。在玄关和书房等处引入了当时民艺风格的流行元素，并在各栋楼里打破常规，做成了有别于其他宅邸特有的趣味住宅，体现了那个时代的建筑特色和文化。

地址：東京都世田谷区瀬田 4-41-21

世田谷代官宅邸

SHITIANGUDAIGUANZHAIDI

“世田谷代官宅邸”也被称为大场县令宅邸，是自江户时代中期以来，继承了彦根藩世田谷领地20个村代官的大场家的宅邸，保留了中世纪代表性上层民居的旧态。主屋是茅葺寄栋造，由役宅部、居室部等构成。长屋表门因为藩主来邸的时候和元旦以外不能打开，而被称为“赤水之门”。茅草屋顶、寄栋造的主屋和两栋表门已被指定为日本重要文化遗产。

地址：東京都世田谷区世田谷 1-29-18

旧山田家住宅

JIUSHANTIANJIAZHUZHAI

“旧山田家住宅”是由在美国的日本实业家楢崎定吉回国后建造的，于 1937 年竣工，1960 年被日本画家山田盛隆买下。住宅外观是西式风格，内部则设有日式和西式房间。屋内的装饰和设置的洗衣槽等，反映了主人对生活文化意识的独特见解。该建筑于 2016 年被世田谷区指定为有形文化遗产。

地址：東京都世田谷区成城 4-20-25

猪股庭园

ZHUGUTINGYUAN

“猪股庭园”是作为担任劳务行政研究所理事长的猪股猛氏夫妇的宅邸而建。主屋由建筑师吉田五十八（1894—1974）设计，融合了简约的日式美感和近代昭和的西式生活样式，保留了1964年竣工时的姿态。内部尽可能地去除传统日式建筑中的柱子、长压、天花板的圆边等构件，随处可见“吉田流”近代数寄屋特点。园中还建有散步式日式庭园，散布着红松、梅树、枫树等。

地址：東京都世田谷区成城 5-12-19

驹泽奥林匹克公园

JUZEAOLINPIKEGONGYUAN

“驹泽奥林匹克公园”最初为1964年东京奥运会而建，当时被称为“东洋魔女”的日本女排就是在这里夺得了奥运会女排冠军。公园的设计充分考虑了运动和休闲功能的结合，拥有多功能体育馆、足球场、田径场、网球场等。41万平方米的公园里还栽种了榉树、银杏、红枫、樱花等季节性的植物。

地址：東京都世田谷区駒沢公園 1-1

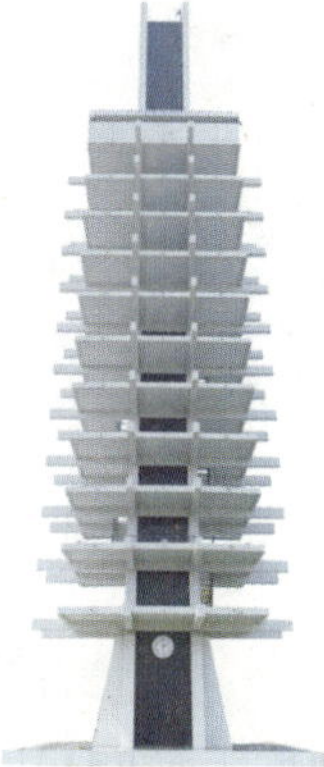

等等力溪谷公园

DENGDENGLIXIGU GONGYUAN

“等等力溪谷公园”位于多摩川支流的谷泽川河畔，是东京 23 个区中唯一以溪谷为名的地方。沿着溪谷步道前行，可以参观稚儿大师堂、不动之瀑布以及等等力不动尊等文化和历史遗迹。公园内榉树和槲树参天耸立，保留了原生态的景观。这里还有历史上重要的横穴式古坟和数千年来不间断流淌的不动瀑布，以及日式庭园等。其中，等等力溪谷 3 号横穴古墓已被东京都指定为史迹。

地址：東京都世田谷区等々力 1-22-26

世田谷八幡宫

SHITIANGUBAFANGONG

“世田谷八幡宫”历史可追溯到1546年，经过不断地重建，才有了现在的规模。神社内有许多独特的设施，如石制鸟居、相扑台和手水舍等。这里不仅是祈福的圣地，还是相扑的圣地。从平安时代中期开始，这里就有奉献相扑的传统，相扑的结果被视为祈求丰收和占卜农作丰收的象征。现在，相扑场地仍然保留在神社内，并在例祭时举行奉献相扑比赛。

地址：東京都世田谷区宮坂 1-29-18

力石

手水舍

豪德寺

HAODESI

“豪德寺”建于 1480 年，是世田谷城主吉良政忠建立的曹洞宗寺庙。相传，彦根藩第二代藩主井伊直高在豪德寺被一只猫的招手从雷雨中救了出来，因此招财猫作为一种吉祥物而受到人们的崇拜。招猫殿旁边放了一千多只招福猫，这些猫与普通的招财猫略有不同，浑身雪白，脖子上系有铃铛，高举右爪，憨态可掬。许多少女为了祈求学业进步、恋爱成功、求职顺利，都会来豪德寺祈福。

地址：東京都世田谷区豪徳寺 2-24-7

22 北区

纸的博物馆

ZHI DE BOWUGUAN

“纸的博物馆”作为世界上少见的“纸”综合博物馆，展出了广泛收集而来的古今关于“纸”的资料，以及用日本纸作为素材制作的工艺品，特别是对“纸”的资源环境再利用等。第1展示室的主题为“现代造纸产业”，展示了纸浆的原料和制造工艺，以及制造机器的实物和模型。第2展示室的主题为“纸质教室”，有体验纸张性质的角落和旧纸回收等展示。第3展示室的主题为“纸的历史、造纸产业的步伐”，有关于纸本身的历史，以及造纸产业的历史的展示。

地址：東京都北区王子 1-1-3

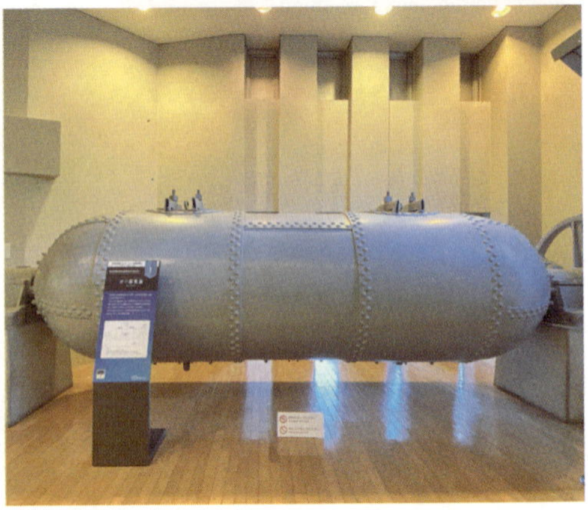

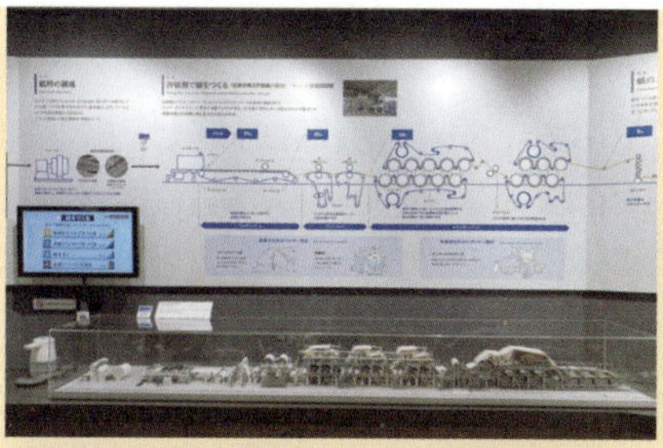

世界最初の
抄紙機

ポケット・グラインダー

ヨーロッパの紙の歴史と製法

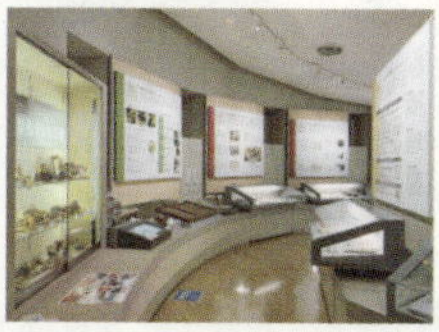

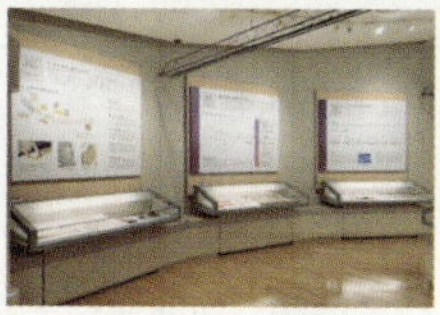

紙と産業

北区飞鸟山博物馆

GONGYUAN MINGZHU PUBU

“北区飞鸟山博物馆”是 1998 年在飞鸟山公园内开放的区立博物馆，主要展示北区的历史、自然和文化。常设展览由 1 个象征丰岛郡衙正仓的复原、13 个时代分类的主题、以荒川生态系统为主题的展示构成。广泛介绍了北区的历史、考古、民俗、自然等，以及中里贝冢出土的以德木舟为首的实物资料，律令时代的正仓等实物模型，再现江户时代观赏樱花情况的飞鸟山剧场，荒川河占用地的透视画等。

地址：東京都北区王子 1-1-3

涩泽史料馆

SEZESHILIAOGUAN

“涩泽史料馆”是日本实业家涩泽荣一的历史博物馆，1982年，在他的故居“暧依村庄”旧址建立。馆内收藏、展示了涩泽荣一生平和事迹的相关资料。涩泽荣一（1840—1931）被誉为“日本企业之父”，是江户时代末期到大正时代的实业家。他参与处理了两百余个政府项目，包括重要的税收改革、铁路铺设、货币制度及银行制度的建立等，为日本近代经济的发展奠定了基础。

地址：東京都北区西ケ原 2-16-1 飛鳥山公園内

渋沢栄一
をたどる
1840–1931

61 62 63 64
1901–1909
公益

65 66 67 68

青渊文库

QINGYUANWENKU

“青渊文库”是龙门社赠送给涩泽荣一 80 岁寿辰、从男爵晋升为子爵的贺礼，于 1925 年竣工。建成的“青渊文库”作为涩泽荣一的书库，也作为接待客人的场所使用。建筑物的名字是以涩泽荣一的雅号命名，并以涩泽家的家纹“圆和柏”为纪念，设计了柏叶的彩色玻璃和瓷砖。该建筑已被指定为日本重要文化遗产。

地址：東京都北区西ヶ原 2-16-1 飛鳥山公園内

晚香庐

WANXIANGLU

"晚香庐"是为了庆祝涩泽荣一 77 岁喜寿，由现在的清水建设赠送的西式茶室，于 1917 年竣工。"晚香庐"是以涩泽荣一自制的汉诗一节"菊花晚节香"命名的。整个建筑使用结实的栗子木制造而成，被用作迎接国内外客人的接待室。与青渊文库一样，该建筑由建筑师田边淳吉（1879—1926）设计，已被指定为日本重要文化遗产。

地址：東京都北区西ヶ原 2-16-1 飛鳥山公園内

名主瀑布公园

GONGYUAN MINGZHU PUBU

“名主瀑布公园”于1960年开园，是瀑布和绿色自然景观丰富的回游式庭园。江户时代，王子村的名主畑野孙八以种植茶叶为生，为了避暑便在宅邸内修建了瀑布，公园名字的“名主”就是这么得来的。园内有东京都内屈指可数的8米落差瀑布，称为“男瀑布”、“女瀑布”、“独鈷瀑布”和“湧玉瀑布”。这些瀑布在园内循环，出现了大小池塘。庭园内还模仿明治中期栃木县的盐原风景，放入庭石、种植山枫花木等，成为独特的自然风景。

地址：東京都北区岸町 1-15-25

23 板桥区

浮间公园

FUJIANGONGYUAN

“浮间公园”于1967年开园，占公园面积约40%的“浮间池”水是荒川大修时从河流中分离出来的。池畔有作为公园象征而设置的大风车，因而被称为“从油画里跑出来的风车公园”。园内有被自然和绿色包围的棒球场、网球场、门球场、儿童游乐场，以及风车小屋、浮岛、水生植物园等。

地址：東京都板橋区舟渡2-15-1

水车公园

SHUICHEGONGYUAN

“水车公园”是为了保留曾经在该地区盛行的水稻种植风景而开设。园内设置了带有挂式水车的水车小屋，内部陈列着曾经的农具。隔着公园道路，是作为前谷津川河流遗迹建造的日本庭园。人工瀑布、泉水、溪流和石头营造出独特的氛围。茶室“德水亭”周围环绕着净土风格的茶园。铺满白川碎石的石庭，分布着 9 块景石，被看作象征须弥山的九山八海。

地址：東京都板橋区四葉 1-17-12

附1 东京迪士尼乐园

东京迪士尼乐园

DISHINI LEYUAN DONGJING

“东京迪士尼乐园”建于 1982 年，占地 46 公顷，分为世界市集、探险乐园、西部乐园、动物天地、梦幻乐园、卡通城及明日乐园七个园区。中心广场是高耸的灰姑娘城堡，在它周围建造了多种主题游乐场和游乐馆。七大主题区域共有 35 项精彩的表演。在保持了美国迪士尼乐园正宗风格的同时，加入了大量日本的特色。全园总数在 2000 个以上的人偶和动物使人如身临其境。

地址：千葉県浦安市舞浜 1-1

世界市集

SHIJIE SHIJI

“世界市集”区域以20世纪初的美国维多利亚式商店建筑为主题，营造出一种温馨而典雅的氛围。沿着入口通道，分布着一家家维多利亚时代建筑风格的商店和餐厅。

地址：千葉県浦安市舞浜 1-1

探险乐园

TANXIAN LEYUAN

“探险乐园”以东南亚的丛林度假村为主题，提供了一个充满神秘与冒险的探险环境。主要项目包括西部沿河铁路、加勒比海盗、丛林巡航、鲁宾逊家族大树屋、提基神殿。

地址：千葉県浦安市舞浜 1-1

西部乐园

XIBU LEYUAN

“西部乐园”以美国西部的沙漠铁路为主题，展现了粗犷而辽阔的西部风光。主要项目包括西部乐园射击馆、乡村顽熊剧场、豪华马克·吐温号、水上宫殿、顽童汤姆之岛巨木筏、巨雷山。

地址：千葉県浦安市舞浜 1-1

动物天地

DONGWU TIANDI

“动物天地”以森林中的小动物为主题，打造了一个亲近自然、了解动物的世界。主要项目包括“飞溅山”，乘坐圆木筏从16米高的瀑布上方俯冲而下；“海狸兄弟独木舟历险”，拿起船桨，在未知的美国河上探险。

地址：千葉県浦安市舞浜1-1

梦幻乐园

MENGHUAN LEYUAN

“梦幻乐园”以童话和公主为主题，营造了一种充满浪漫与梦幻的氛围。主要项目包括爱丽丝的午茶派对、小小世界、城堡旋转木马、白雪公主冒险旅程、仙履奇缘童话大厅、小飞象、城堡奇缘、小飞侠天空之旅、小木偶奇遇记、小熊维尼猎蜜记、幽灵公馆、米奇魔法交响乐。

地址：千葉県浦安市舞浜 1-1

卡通城

KATONGCHENG

“卡通城”以米老鼠和其伙伴居住的小镇为主题，充满童趣和欢乐。主要项目包括艾芝迷你云霄飞车、高飞油漆屋、奇奇蒂蒂橡树屋、卡通公园、唐老鸭的汽船、米妮公馆、兔子罗杰卡通转转车。

地址：千葉県浦安市舞浜 1-1

明日乐园

MINGRI LEYUAN

“明日乐园”以未来科技和星际旅行为主题，展现了人类对未来的憧憬与探索。要项目包括：星际旅行、冒险续航、幸会史迪奇、太空山、巴斯光年星际历险、大白欢乐之旅、怪兽电力公司“迷藏巡游车”。

地址：千葉県浦安市舞浜 1-1

附2 东京迪士尼海洋

东京迪士尼海洋

HAIYANG DONGJING DISHINI

“东京迪士尼海洋”于2001年9月4日开幕，由七大主题海港构成，是世界上首个以大海的故事及传说为题材的乐园。现场有20多个演出节目。园中共有独具匠心的23个游乐项目、33个餐饮设施和32家旅游商店，分布在城堡、“火山”之中。入口处有一座“水之行星”，引导游客进入乐园中充满想象的航海之旅。

地址：千葉県浦安市舞浜 1-1

地中海港湾

DIZHONGHAI GANGWAN

“地中海港湾”是迪士尼海洋之旅的起点，重现了南欧海港的浪漫风光。这里汇集了风格独特的商店和餐厅，人们可以体验威尼斯的贡多拉游船，感受大航海时代的文艺复兴氛围。

地址：千葉県浦安市舞浜 1-1

美国海滨

MEIGUO HAIBIN

“美国海滨”，这个海港充满了怀旧的气息，让人仿佛回到了 20 世纪初的美国纽约港。在这里可以感受到小渔村鳕鱼岬的温情和纽约港的繁华。最显著的地标是一艘名为“S.S. 哥伦比亚”的大型邮轮。

地址：千葉県浦安市舞浜 1-1

发现港 FAXIANGANG

“发现港”，这个区域充满了超越时空的奇幻元素，拥有最摩登的水空交通工具。人们可以体验刚刚实验成功的气象观测飞机，感受科技与自然的奇妙结合。

地址：千葉県浦安市舞浜 1-1

失落河三角洲

SHILUOHE SANJIAOZHOU

在“失落河三角洲”中，人们化身为 20 世纪 30 年代的探险家，沿着中美洲的加勒比海岸，前往被覆盖隐藏在密林中的古代遗迹，体验古老的文明和探险的乐趣。

地址：千葉県浦安市舞浜 1-1

阿拉伯海岸

ALABOHAIAN

“阿拉伯海岸”重现了迪士尼经典动画《阿拉丁》中的天方夜谭传奇世界，人们可以跟随沙漠商队骑着传说中的奇禽异兽远行，加入辛巴达的行列到七海探险，充满了魔幻和迷人的色彩。

地址：千葉県浦安市舞浜 1-1

美人鱼礁湖

MEIRENYU JIAOHU

在“美人鱼礁湖”可以进入迪士尼经典动画《小美人鱼》中的梦幻海底王国，多彩的海底造景令人目不暇接。海底居民特别准备了多项趣味缤纷的游乐设施，以及由艾莉尔亲自演出的歌舞剧。

地址：千葉県浦安市舞浜 1-1

神秘岛

SHENMIDAO

“神秘岛”让时光倒转回到19世纪70年代，在南太平洋的普罗米修斯火山岛里，隐藏着尼莫船长的秘密基地。它是著名科幻小说家儒勒·凡尔纳的创想世界，一场未知的探险之旅。

地址：千葉県浦安市舞浜 1-1

附3 箱根

雕刻之森美术馆

DIAOKEZHISENMEISHUGUAN

“雕刻之森美术馆”于 1969 年开放，是日本首家以大自然为背景的户外美术馆。在 7 万平方米的绿地中，展示了来自世界各地著名雕塑家的作品，包括亨利·摩尔、奥古斯特·罗丹、亚历山大·考尔德等，总数超过 400 件。除了户外雕塑，美术馆还设有多个室内展馆，收藏了毕加索、阿尔贝托·贾科梅蒂、弗朗索瓦·布歇、雷诺阿等艺术家的绘画、雕塑等作品。

地址：神奈川县足柄下郡箱根町仙石原 940-48

PICASS

POLA美术馆

POLAMEISHUGUAN

“POLA 美术馆”于 2002 年开业，馆内藏品约 9500 件，包括印象派绘画、日本画、版画、雕刻、东洋陶瓷、玻璃工艺以及古今东西的化妆工具等。其中，印象派绘画的收藏有莫奈、雷诺阿、塞尚、凡·高、毕加索等画家的作品。室外还有一条“森之游步道”，这条由巨大山毛榉等树群包裹的森林步道中分布着 25 个露天雕塑作品。

地址：神奈川県足柄下郡箱根町仙石原小塚山 1285

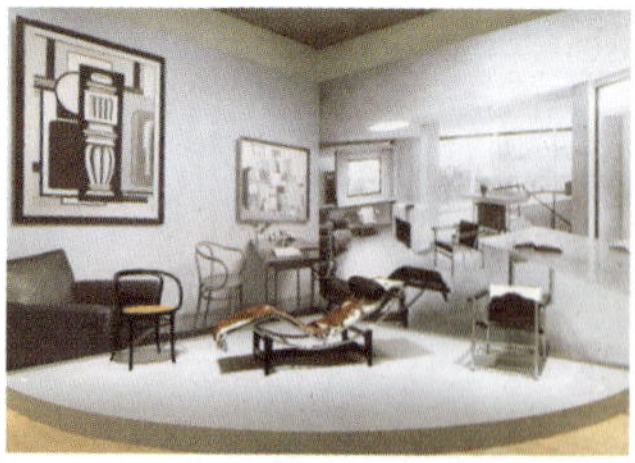

冈田美术馆

GANGTIANMEISHUGUAN

“冈田美术馆”于2013年开馆，藏品以实业家冈田和生收集的东洋美术为中心，包括日本绘画、陶瓷器和工艺品等东洋美术品共350件。一楼展示中国的青铜器和韩国陶器，二楼展示日本的陶瓷器和玻璃器，三楼是以屏风画为中心的日本绘画，四楼是挂轴画和书迹，五楼是佛教美术展示区。此外，还设有可以欣赏四季花卉的庭园。

地址：神奈川県足柄下郡箱根町小涌谷493-1

玻璃之森美术馆

BOLIZHISENMEISHUGUAN

“玻璃之森美术馆”于1996年开馆，是以展示玻璃工艺品为主题的美术馆。它建在中央有池塘的绿色庭园内，设计风格仿照中世纪欧洲贵族的别墅，营造出童话般的氛围。馆内分布着威尼斯玻璃美术馆、现代玻璃美术馆、体验工房、咖啡厅和餐厅。主要收藏品有从15世纪到19世纪的威尼斯玻璃工艺品约620件，展出约100件。

地址：神奈川県足柄下郡箱根町仙石原940-48

成川美术馆

CHENGCHUANMEISHUGUAN

“成川美术馆”于1988年开馆，由建筑师今里隆设计，建于微微隆起的丘陵之上。进入美术馆，映入眼帘的是临湖广阔的庭园和芦之湖。馆内珍藏了超过4000件现代日本画作品，其中获得日本艺术文化最高奖的画家山本丘人的作品就超过150件，以及其他艺术家如堀文子、冈信孝、平山郁夫等作品。

地址：神奈川県足柄下郡箱根町元箱根570

大涌谷 DAYONGGU

“大涌谷”是箱根山三千年前火山大喷发形成的火山口遗迹，也被称为“大地狱”。据说，1876 年明治天皇参观时感觉这里就像地狱一般，为淡化原名的影响，才改名为大涌谷。大涌谷还以煮出的黑鸡蛋而闻名，这些鸡蛋由于受到地热的影响，蛋壳呈现出黑色，被称为黑玉子茶蛋。当地传说吃一枚黑鸡蛋就可以延寿 7 年。

地址：神奈川县足柄下郡箱根町仙石原 1251-1

箱根关所

XIANGGENGUANSUO

“箱根关所”是德川幕府在1619年设立的，位于东海道驿道上的一个重要关口，也是东京的门户。箱根关所的设立旨在严格管制通行旅人，保护江户安全，并监控全国人口和物资流动情况。关所是面积为198平方米的木建平房，内部陈列着当时行人携带的身份证、短枪、长柄大刀等文物1000多件，展示着江户时代关所的历史。

地址：神奈川県足柄下郡箱根町箱根1番地

箱根海盗船

XIANGGENHAIDAOCHUAN

“海盗船”的前身是芦之湖旅游船，自 1920 年起开始营业。芦之湖旅游船共有三艘，三艘船是采用海盗船的装饰风格、以古代战舰为模板设计的。三艘船分别是外观为绿色、以 17 世纪在瑞典制造的战船“北欧狮瓦萨王号”为模板的北欧狮瓦萨王号；船体为黑色、以 18 世纪英国各种海战中的象征性战舰“胜利号”为模板的“黑色胜利号”；外观为红色、以 18 世纪法国一级战舰“皇家路易号”为模板的“南欧皇家太阳号”。

地址：神奈川県足柄下郡箱根町箱根 161

强罗公园

QIANGLUOGONGYUAN

“强罗公园”建成于1914年，曾是日本皇家伯爵花园。这座以喷泉为中心左右对称的法式庭园依山而建，园内共有三处植物园。分别是汇集了异国情调的奇花异草、充满南国气氛的宽阔的“九重葛馆”，以橡胶和香蕉树等热带植物为主题的“热带植物馆”，还有汇集了约70种热带香草的“热带香草馆”。

地址：神奈川県足柄下郡箱根町強羅 1300

恩赐箱根公园

ENCIXIANGGENGONGYUAN

“恩赐箱根公园”最初是一个供皇室成员避暑和外宾游玩的行宫。1945 年，皇室将行宫所在地御赐给神奈川县，经过重新修整，建成了恩赐箱根公园，于 1945 年对公众开放。园内中央建有仿造旧离宫西洋馆的展望馆，从二层露台可以眺望芦之湖、富士山。

地址：神奈川県足柄下郡箱根町元箱根 171

箱根神社

XIANGGENSHENSHE

“箱根神社”由万卷上人创建于757年，曾为源赖朝、德川家康等许多武将所信奉，自古以来就是被尊崇为关东总镇守箱根大权现的有名神社，在交通安全、心想事成、开运除厄方面为人信奉。箱根神社的鸟居门建在芦之湖岸边，相传是为了让新船下水时祈福而建立在水边的，游湖时清晰可见。

地址：神奈川县足柄下郡箱根町元箱根80-1

温泉酒店 界·仙石原

WENQUANJIUDIAN JIE XIANSHIYUAN

“界·仙石原温泉酒店”于2018年开业。它打造的“艺术工坊温泉旅馆”主题，从大厅到客房，各个角落都装饰有艺术作品，这些作品由12位国内外艺术家创作。他们在各个客房入住后，将在客房中欣赏风景所得到的灵感，记录在画布上。这里的温泉是从源泉“大涌谷”引来的酸性泉水，泡过之后能让肌肤变得更加嫩滑。

地址：神奈川县足柄下郡箱根町仙石原 817-359

富士屋酒店

FUSHIWUJIUDIAN

“富士屋酒店”于 1878 年开业。它曾是日本皇室的御用酒店，酒店客房分布在五栋建筑内，建筑已被指定为日本有形文化遗产。主楼建于 1891 年，以西式设计为基调，内外各处都加入了日式设计。西洋一号馆“Camfi Lodge”、二号馆“Restful Cottage”建于 1906 年，是明治时期的洋风建筑。“花御殿”建于 1936 年，以华丽的日式设计为特征。“森林翼”建于 1960 年，是在森林小屋的高台上建造的新馆。

地址：神奈川県足柄下郡箱根町宮ノ下 359

箱根·翠松园

XIANGGENCUISONGYUAN

“箱根·翠松园”是一家位于箱根小涌谷的日式温泉酒店，其前身是三井财阀的别墅“三井翠松园”，建于1925年，保留了大正时代的建筑风格，具有质朴古雅的特点。“三井翠松园”现已作为“红叶餐厅”重新开业，并被指定为日本有形文化遗产。酒店共有六栋建筑，包括餐厅、酒吧、前台、温泉和SPA区，以及四栋客房区的23间房，每间都配有私人温泉浴池。

地址：神奈川县足柄下郡箱根町小涌谷519-9

后记

我所记录的东京

20 世纪 90 年代初，我辞去了公职到日本留学，那个时候中国还很落后。我白天读语言学校，晚上打工，周六日也不休息，根本没有时间去欣赏东京的景色。一晃三十多年过去了，离开日本后，我经常找各种机会到东京，一是怀念曾经在这里度过的时光，二是很想圆我一直未了的心愿，记录我留学时经常在书本里看到的日本、看到的东京。那里有太多的博物馆和美术馆、太多的神社和寺院、太多的公园和庭园、太多的老建筑和老街道……太多太多我想去的地方。

东京都现有人口约 1400 万，在日本 47 都道府县当中，为人口最多、人口密度最高的行政区。除了 23 个特别区之外，还包括 26 市、3 町、1 村，以及隶属于东京都的岛屿一共有 11 个。大岛距离最近，只需乘搭高速船约 1 小时 45 分钟即达；相反，小笠原诸岛则距离约 1000 千米，搭船要 24 小时才到。

我借助旅游书籍和互联网，寻找记录了东京都很多人文景观，除了大众所知的名胜，还有许多小众的景点。于是，我萌生出“写”一本旅游攻略的小册子的想法，以图片为主，多角度多画面地介绍这些景观，便于旅游者去参考和选择。因为这些都是随心所欲游逛时的积累，所以就起了个书名《东京散步——东京 23 区最值得推荐的景点》。

·美术馆与博物馆

中日两国一衣带水，在物质与精神方面都有交集，有太多相似的东西。

在日本，美术馆不仅是公共空间，它还是一种情结。在美术馆上，日本人投入了大量心力与创意，使它不仅拥有艺术品，连建筑本身都是艺术品。

日本美术馆历史可以追溯到明治维新后。1877 年，日本官方第一次提出这一概念。1897 年，京都国立博物馆开始举办美术品的展示。

由于一直受到西方文化的影响，在艺术方面日本是各种展览扎堆的地方，特别是东京，每年的展览频率、含金量，可以说是当之无愧的亚洲第一。

东京都内隐藏着不计其数，大大小小主题迥异的美术馆、博物馆和画廊。从上野公园内用10座文化机构组成的博物馆群，到六本木中城附近各具特色的美术馆与画廊群。东京的大街小巷到处弥漫着艺术文化的气息。

日本策展的质量非常高，无论叙事还是展品介绍，都做得非常详细，让普通人即便没有相关知识，也能感受到艺术品的魅力。

对于日本民众而言，限定时间的特别展已经成为生活中的一部分，他们甚至不惜为此排队。而这种美术馆情结恰恰是美术馆建设的推动力，许多企业和个人都对修建美术馆和丰富藏品做出过贡献。

· 神社与寺庙

日本的神社是日本宗教中最古老且是本土的宗教，与日本人的生活关联密切。神社是日本神道教的核心，又是神道的基础，祭祀场所就是神宫或神社，它与日本人的生活关系密切。其中的原因是多方面的，包括历史背景、文化和社会功能，以及自然灾害的应对等。

日本的神社分布广泛，在东京都内每走几步就可以遇见一个神社，这是因为各地方的百姓根据自己的风俗习惯来供奉神明，所以供奉的神明都是不一样的。

寺庙在日本社会中扮演了多种角色，如祈祷丰收、对自然界万物的信仰和各种祈愿，以及以前天皇家和武士阶层权力的象征等。

在江户时代，佛教寺院甚至被用作发放居民身份证，商人做生意需要寺院的批准，以及寺院拥有土地、税收甚至军队，因此佛教是渗入了整个日本社会的宗教。

日本地处太平洋板块与亚欧板块交界处，自然灾害频发，包括地震、火山、台风、泥石流等。面对自然灾害的无力感，人们只能寄希望于拥有强大力量的神明，各类神明因此顺应而生。

· 都立公园与庭园

东京之所以有众多都立公园，是因为日本实施了“地域制自然公园制度”。这一制度允许在国立公园内生活的当地人，只要不破坏环境，可以维持原来的生活状态。都立公园的范围和土地所有权无关，它们可以是位于城市中的小片绿地，也可以是面积较大的自然区域。这种制度使日本能够在土地资源有限的情况下，通过合理规划和利用，创造出众多供市民休闲和享受自然的地方。都立公园的建立不仅是为了旅游观光，还包含了自然环境保护的目的，有助于促进生态的多样性。

东京都内有许多风雅别致的日式庭园，在高楼万丈的城市里，保留了珍贵的文化资产和都会中的绿洲。这些庭园各有不同的特色，有江户时代留下来的大名庭园，也有明治大正时代加入洋风建筑的西式庭园。

日本最早的庭园为封建时代的皇室及贵族所有，中世纪进入武士时代，土地管理者由贵族变成了武士，发展出不同于贵族奢华风的禅庭、茶庭，乃至于近代的大名庭园。“大名庭园”是江户时代的产物，由于德川幕府的中央集权，地方的大名每隔一段时间就要到江户参与朝政，进而促使了大名庭园的出现。庭园的发展可以说和日本权力的演变息息相关，反映了历史脉络及所有者的世界观，从而使日本庭园发展经历了相当大的转变。一般可分成三大样式：池庭、枯山水庭、茶庭。

“池庭”或称“池泉庭”，以庭园中有池塘、流水或是小川为最大的特色，并且多有土丘、石头等模拟山景，以及许多的植树、花卉、小桥来营造出自然景观。“池庭”依据游赏的方式，可再细分为在座敷中定点观赏的“观赏式庭园”，可边走边游赏庭园万种风情的“回游式庭园”，以及在水池中边划船边游赏的“舟游式庭园”。

进入12世纪末至16世纪镰仓室町时代之后，日本庭园的风格有了很大的转变。不仅规模缩小许多，又受到了禅宗信仰的影响追求侘寂之美，没有了浮夸的池塘与植栽，这一类型的庭园称为“枯山水庭园”。

“枯山水庭”常见于禅宗寺院之中，由于没有真的山和水，最大的特色是以白砂、碎石铺在庭园中象征着水池或大海，并且耙出笔直、弯曲或圆形的线条代表水面的波纹或海浪，以大石头象征岛屿。常见的元素还有石灯笼、绿苔、松树等，因为极富禅意，也称为“禅庭”。

到了16世纪中期至16世纪末，也就是日本武将织田信长和丰臣秀吉的时代，在城郭建筑、艺术文化方面有了显著的成就，特别是茶道。通往茶室会经过的庭园，称为“茶庭”。最大的特色是兼顾实用与景观的功能，具备了造庭的要素：飞石、延段、手水、石灯笼等。

日本的庭园深受中国文化与宗教等外来文化的影响，经过上千年的演变，与中国山水庭园有着截然不同的风情，变成了日本文化不可或缺的一部分。

· 名人故居与纪念馆

日本是世界上保存名人故居最多最完整的国家之一，无论大城小镇，都不难找到至少一位文化代言人。在东京都，以不同的人物作为线索，便能生出不同的味道。若要追寻夏目漱石的足迹，可以找到他的居所“漱石山房”，现在变成了“漱石公园”。公园入口处建有他的塑像,《心》一书正是在此处发表。若要追寻森鸥外、樋口一叶、正冈子规等人，则又是另一番景象。

如此往下说开去，恐怕能做出一张东京的名人地图，再从他们的故居、学校、常去的餐厅、小店，后人立的文学碑、建的公园，衍生出各种有趣的旅行路线。

无论是通过这些景观营造出的虚拟情景，还是对心中崇慕之人产生的移情作用，抑或是通过斯人重新阅读一座城市，使其更立体多面，都是丰盈旅行的好方法。通过这些人再去阅读一座城市的景观，也会有新的发现。

在日本，名人甚至包括在日本居住过的外籍名人，他们的故居都非常受重视。

就像孙中山居住过的“松本楼”，里面保存着大量孙中山在日本居住期间使用过的物品与文献资料。1914 年，孙中山和宋庆龄的婚礼就是在梅屋庄吉夫妇家中举行的。宋庆龄弹过的钢琴已经成为永久保存的文化遗产。

这些名人故居大都已成为“纪念馆”。1958 年开馆的“牧野纪念庭园”作为世界著名植物学家牧野富太郎博士（1862—1957）的纪念馆，保存了牧野博士使用过的工具、采集的标本和照片等史料，就连庭园里的景观、种植的花草树木等，都忠实地保留着原貌。

对于自己喜欢的作家、艺术家，有兴趣去看看他们的故居、纪念馆，更深入了解他们的历史，觉得有“如对故人”之感。更深一步，以此人为线索重新认识和发掘一座城市的内涵，似乎更是妙不可言的事。

· 历史建筑与城市符号

历史建筑被视为一项重要的文化遗产。材料、形态、构件，以及人与建筑的关系等，都承载了重要的历史记忆。而当人们所熟悉的历史建筑以大量且快速的趋势消失时，其价值也开始凸显。

所谓失去才想到珍惜。恰恰就是在这个时候，建筑的历史价值得到肯定，甚至相关的保护制度也得以出台。在漫长的岁月洗礼中，那些得以保留下来的城堡由大名、藩及城下町的象征，转变为当地人引以为豪的视觉符号。

在岁月的打磨下，建筑构件的表面逐渐老化。时光造成的破坏带来历史沧桑感，也从视觉上将历史建筑和现代新建筑区分开来。

日本传统建筑被视作珍贵的文化遗产，通过对传统建筑风格及生活方式的坚持，日本城市的古都风貌得以传承。日本政府对于历史街区保护制定了严格的法规，禁止对文物建筑的破坏，并要求翻新改建依然维持原有的建筑风貌。

日本近代历史中涌现的西洋式建筑，在东京都内留有很多。像原英国领事馆、邮政局、海关税务署、商会、商船公司、俱乐部等处，旧貌依存，已作为重要历史文化遗迹并对外开放，供游人参观，且标示于市区地图上，便于人们寻访。

日本对待历史文化遗迹、优秀建筑，是将保护置于第一位的，而不仅仅着眼于旅游开发。他们印制的参观券文字主要着力于介绍景点的历史文化内涵，详列建筑物的具体数据，尽可能提供一些有用的信息，且不带任何商家广告，而且票价低廉。

值得一提的是，在东京都的名校里也有许多历史名建筑，包括纪念馆、博物馆、美术馆等。东京大学校园内以安田讲堂为代表的哥特式洋风老建筑，依然是 20 世纪 30 年代的模样。在学习院大学的校园里，有 7 座被列为“日本有形文化遗产”的建筑物，其中有 1913 年为皇族学生建造的宿舍“东别馆”，1909 年作为图书馆建造的“北别馆”，1927 年作为理科特别教场建造的教学楼“西 1 号馆”等。这些保存完好的老建筑至今仍散发着独特的魅力。

校园内甚至也能见到至今仍在使用的百年老建筑。立教大学校园里建于 1919 年的“莫里斯馆”图书馆、“MATHER LIBRARY 纪念馆”和“小礼拜堂”；明治学院大学校园内建于 1889 年，采用木造建筑样式的“因布里馆”；建于 1890 年的新哥特式建筑“明治学院纪念馆”；以及建于 1916 年的“礼拜堂”等，使整个校区如同一个时光的守护者，对历史迷与建筑迷的吸引力毋庸置疑。

· 商店街区与地域文化

日本的商店街文化最具地域特色，与地域的经济、文化等关系密切相关，有历史、有人情、有故事。

东京的发展日新月异，日本的“最新”“最快”大多在这里发生。同时也有许多世世代代留存下来的老建筑、老街道，如同旧年代的美好印记。

日本商店街的起源最早可以追溯至战国时代的乐市、乐座。而到了江户时代，则出现沿着街道发展的驿站、寺院神社周边的门前町。近代则是港口、车站附近的闹区等。这样的商店街遍布日本各地，是日本一大特色风景。

日本商店街按商圈的范围可以分为近邻型、地域型、广域型、超广域型。老百姓追求的不仅仅是丰富的商品，应该还有地域的传统、文化、人与人的交流、城市的活力等。东京最繁华的商业街银座、表参道、原宿、涩谷、代官山一带，构成了东京最具特色和风格的时装店聚集地。而阿美横町、谷中银座、浅草仲见世、帝释天参道则充满了下町风情与热闹人潮。自然形成的人形町、神乐坂、神田神保町商业街区更成为一个地区的历史记忆。

商店街不仅是商业场所，更是多种要素的复合体。热闹、有人情味、童年记忆，在商店街可以获得各种生活的信息，这种商店街是城市魅力之所在。

·文化财法与遗产保护

最后说说日本的“文化财”。本书中出现了大量的“文化财”介绍，“文化财”即文化遗产。日本堪称是非物质文化遗产保护的发祥地。“无形遗产”即“非物质遗产”这一概念是由日语翻译成英语的，它来自 1950 年日本在这一领域具有前瞻性的立法中。

在很多历史建筑、文化遗址或博物馆、美术馆里，经常会看到标注着各种“文化财”字样的提示。

“文化财”是日本宝贵的财富。评选文化遗产，依据的是日本的《文化财保护法》，包括日本各地的寺院、佛像、绘画、祭典、遗迹，还有重要的动植物等。《文化财保护法》是以 1949 年法隆寺金堂壁画被烧毁为契机制定的一部法律。这部法律的特点，就是整理汇集了既存的国宝保存法，而且新添加了无形文化遗产和埋藏文化遗产作为保护对象。同年 9 月出版的《文化财保护法详说》提出，舞蹈（如雅乐、能乐）、讲唱艺术（如落语）、鉴定技术（如刀剑鉴定）、民俗行事（如祭礼），也都符合无形文化遗产的概念。

同时，日本领先其他国家制定了对无形文化遗产进行保护的政策，对世界文化遗产保护工作产生了非常积极的影响。在此之前，世界上还没有哪个国家对于本国的无形文化遗产给予特别关注，所以这种做法极大地拓宽了文化遗产的保护领域。

日本的《文化财保护法》当中，对于文化遗产的种类分得非常明确。

“有形文化财”包括建筑物和工艺美术品（绘画、雕刻、工艺品、书籍典籍、古代文件、考古资料、历史资料）。其中重要的被指定为“重要文化财”，再往上对世界文化的发展有着极高价值的，会被指定为“国宝”并加以保护。

“无形文化财”包括了戏剧、音乐、工艺技术等，其中重要的被指定为重要无形文化遗产，同时认定最大限度保持了这些传统技艺的个人或团体，由政府给予一定的奖励。而个体保持者也被称作“人间国宝”，肩负着“技艺”的传承。

“民俗文化财”指人们的衣食住、生计、信仰、节日祭典等风俗习惯、民俗艺能、民俗技术，包括其使用的衣服、器具等，反映了人们的生活轨迹。

“纪念物”包括史迹、名胜、动植物、地质矿物等，具有重要的历史和学术价值。其中重要的被指定为史迹、名胜、天然纪念物，而再往上尤为重要的分别指定为特别史迹、特别名胜、特别天然纪念物。

2004 年《文化财保护法》部分修订，新增了文化景观一项。“文化景观”指日本各地区人们独特的生活、生产方式以及一方水土气候形成的景观，其中尤为重要的文化景观，参考都道府县或市区町村的申请，指定为重要文化景观。

为了便于阅读查找，本书按东京都 23 个主要办公区域划分的都心、副都心，其他地区分东西南北的顺序排列出版。

本书所刊登的图片全部是在“散步”中用手机拍摄，在拍摄过程中得到了日本日中时装协会事务局局长岩野 莉的大力协助，在此深表谢意！

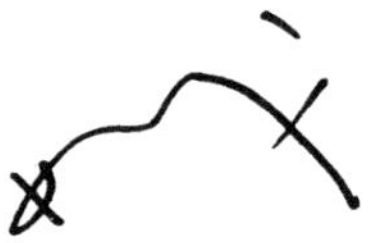

2025 年 2 月 8 日